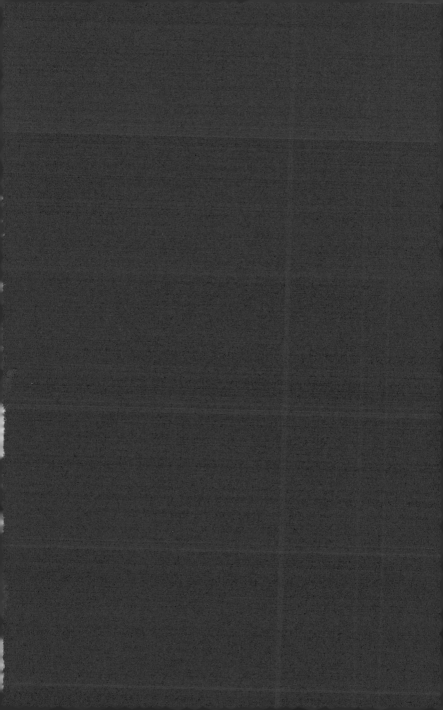

令和新装版

古代の叡智

『竹内文書』と神秘秘伝の術事

皇祖皇太神宮・第六十八代管長
竹内康裕

徳間書店

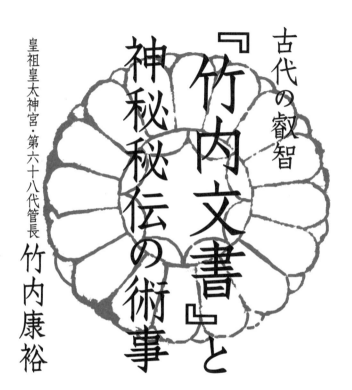

令和新装版・はじめに

皇祖皇太神宮の新年は、鳴動神事《めいどうしんじ》から始まります。

鳴動神事は毎月一日に行い、その一ヶ月間をどのような気持ちで過ごせばよいのか、神の啓示をいただく神事です。

釜の上に蒸籠《せいろ》を乗せ、お米を入れて蓋をし、強い火で焚くシンプルなものですが、神々をお呼びする祝詞《のりと》を奏上していると、やがて釜が鳴り出します。

この「響き」、つまり「音霊《おとだま》」が、神からの啓示です。音霊は聞く人の心に響き、気づきと導きをもたらしてくれます。

毎月一日に行われる鳴動神事のなかでも、元旦に行われるものは、その月だけでなく、新たな一年間を示唆する特別な神事です。

世界が新型コロナウイルスによるパンデミックに襲われた令和二年は、大変な一年間でした。新たな年が穏やかな一年になることを願いつつ、私は竈《かまど》に火を熾《おこ》し始めました。

すると、間もなく拝殿は白いモヤに包まれました。

この瞬間、私は令和三年も尋常の年ではないことを悟りました。

拝殿は両側に窓があり、鳴動神事の際は常に開けているので、普段なら煙や湯気が出ても立ちこめるようなことは決してないからです。

拝殿に立ちこめたモヤは、今年もまだ「見通せない世」が続くという啓示です。

鳴動神事では「男釜」（陽）と「女釜」（陰）の二つの釜を用います。

二つの釜にはそれぞれ意味があります。

男釜は物事のはじめやタイミング、社会についての啓示を、後から炊く女釜では、物事を治める、形にする、社会の動きをまとめるほかに、個人的な啓示が授けられます。

この日の男釜は、鳴っているものの、独特の力強さが感じられませんでした。これは、日本の社会・経済が、一見すると普通に回っているようでいて、実状はかなり悪化していることを示していると感じました。女釜も同じく音霊に本来の力強さがありません。これは、一人ひとりが、いまこそ自分の足元をしっかりと固めておきなさい、という神のお告げでしょう。

昨年来、皇祖皇太神宮にご参拝される方が増えています。

真剣にご参拝されるその姿に、先が見えないコロナ禍の中、多くの方々が神の導きを求めておられることを日々強く感じております。そこで皇祖皇太神宮でも、昨年は疫病を封じ込める神様のご神力を込めたお守りを作り、ご希望の方にお分けするなどしてきました。おかげさまで参拝者の皆様はもちろん、その身近な方々にも感染者が出ることなく、感謝の言葉を戴いています。しかし、外出を控えることが求められている今、神宮参拝が叶わない方も多くいらっしゃいます。そうした方々にできることはないかと考えた末、この度、本書を、令和新装版として再版することにいたしました。

このような大変なときだからこそ、一人でも多くの方に『竹内文書』に学んでいただきたいと思います。なぜなら、『竹内文書』は、単なる歴史書ではなく、神が人間に与えた「人としてのお役割」を記したものだからです。

『竹内文書』には、数多くの神様のお名前が記されています。なぜこんなにもたくさんの神々がおいでになるのかというと、それぞれに異なる「お役割」があるからです。

そして、多くの神々がそうであるように、私たち人間にも一人ひとり異なるお役割というものが授けられています。

この「お役割」には、いくつもの段階があります。

たとえば、私で言えば、竹内康裕という個人の役割、皇祖皇太神宮の神主としての役割、さらに日本人としての役割、そして五色人《ごしきじん》の中の黄人《きびと》としての役割があるからです。

こうした「お役割」についての詳しいことは本文に譲りますが、人としての最も大切な「お役割」を、人々がおろそかにしてしまったことが、今日の禍《わざわい》を招いた要因の一つだということをここではお伝えしておきたいと思います。

人としての最も大切な役割。

それは、「人と人が互いに補い合って生きる」ということです。

これは別の言葉で言うなら、「人は互いに助け合うことが必要である」ということです。

みなさん、世界は今、この「天命」とも言うべきお役割をきちんと果せているでしょうか。

残念ながら、私には今の世界はこの天命とは逆の方向に進んでいるように思います。

中国もアメリカも自国第一主義を唱え、国内では人種差別や分断が進んでいます。ヨーロッパでもイギリスのＥＵ離脱が象徴的ですが、格差や分断、難民排斥など人々の間の助け合いが失われています。

神様は、敢えて異なる特性を持った五色の人間をお造りになりました。人間を平等に造られなかったのには意味があります。

それは、人々が互いに助け合い、補い合うためです。

『竹内文書』を読むと、このことがよくわかります。たとえば、資源の豊富な土地は技術力を持たない人々に与えられ、技術力を持つ人々には資源の少ない土地が与えられるというように、互いに持てるものを持たないものと補い合い、助け合うことで、平等な世界が実現していたのが神代の時代だからです。

禍や天変地異は、人々が自らの天命に反した時に生じます。

今から約百年前の一九一八〜二〇年にかけて、スペイン風邪と呼ばれるインフルエンザウイルスによるパンデミックが世界で猛威を振るったのは、第一次世界大戦の最中でした。戦争ほど天命に背いた愚かしい行為はありません。

そう考えると、今回の新型コロナウイルスが、「中国から世界へ拡散したのではないか？」と疑問視されていることにも、神様の啓示があるように思えます。なぜなら、今の中国は国内外に多くの矛盾と問題を抱えてしまっているからです。これは本来の「黄人としてのお役割」から逸脱し、助け合いの精神ではなく、「我欲」に駆られてしまっているからだと思われます。そうした中国のあり方が、世界の人々に不信感を与えているのではないでしょうか。

今回のパンデミックにより、私たちは今、愛する人、大切な人との繋がりを物理的に断つ苦しさを味わっています。でもそれは、人々が繋がり助け合うことの大切さや、そうできることの幸せを私たちに思い出してほしいという神の計らいなのではないでしょうか。

人間がその天命である「助け合い」の心を失ったら地球は壊滅します。

助け合いの心を育むには、一人ひとりが自分の「欲」をコントロールすることが重要です。

欲そのものが悪いわけではありません。欲は人類の進歩と繁栄のために必要なものです。物事の進歩は常により良くしたいという欲が根底にあるからです。

たとえば、科学技術の発展は、正しい欲のもとでは人々の生活を豊かに、便利にしてきました。しかし、欲が間違った方向で大きくなってしまうと、同じ科学技術が軍事産業や兵器の開発に向けられ、人の命を奪うことに用いられてしまいます。

つまり、欲には「持ち方」、「活かし方」というのがあるのです。

正しく持ち、正しく活かせば、人類の繁栄に役立ち、間違った持ち方、間違った使い方をすれば、人類を破滅に導きます。

大切なのは、何が正しく何が悪なのか、その見極め、自分の欲をコントロールすることです。それがきちんとできなければ、欲の活かし方がわからず、人は欲に飲み込まれてしまいます。

どうすれば善悪を見極め、欲をコントロールすることができるのか、本書にはこうした問いの答えに導くヒントが詰め込まれています。

人の役割・天命は一人ずつ違います。

一人ひとりが自らの天命に気づき、その役割を果たしていくことが、人類の共存共栄に繋がっています。このような時だからこそ、禍を恐れ嘆くのではなく、神の啓示と受け取り、『竹内文書』に触れることで、自分に与えられた役割・天命はなんなのか、ということを改めて考えていただきたいと思います。

令和新装版

古代の叡智『竹内文書』と神秘秘伝の術事

目次

第一章　『竹内文書』の全貌と皇祖皇太神宮がたどった波乱の歴史

第二章 真実を物語る「御神宝」の今

第三章

神とつながる神代文字と言霊の力

第四章 現代に活かす太古の神法

装幀　水崎真奈美（BOTANICA）
本文図版　浅田恵理子
写真　皇祖皇太神宮
編集協力　板垣晴己

※新装版には皇祖皇太神宮・竹内康裕管長による『「神向き」の心得と祝詞』CDは付属していませんが、読者の方はネット経由で音声をお聞きいただくことができます（詳細は巻末を参照）。

はじめに

●『古事記』より古い『竹内文書』

皆さんは『竹内文書《たけうちもんじょ》』という古文書の存在をご存じでしょうか。

それはわたしが管長を務める茨城県北茨城市磯原町にある皇祖皇太神宮《こうそこうたいじんぐう》に伝わる古文書で、原典は日本最古の文献とされている『古事記』よりずっと昔に書かれたものです。

「えっ？　日本最古の文献？　『古事記』より古い文献が日本に存在しているなど聞いたことがない」

そんな疑問と戸惑いを感じられた方も多いのではないでしょうか。

それも仕方ありません。なぜなら、現在の日本史学界は『竹内文書』の正統性を認めていないからです。でも、アカデミズムが認めようが認めまいが、真実は一つです。

それに、実はまじめな学者であればあるほど、自分たちが知っている「歴史」がいかにあやふやなものか知っています。知っているからこそ、彼らは歴史の真実を追い求めて日夜研究を重ね、「歴史」は常に訂正されているのです。近い年代で言えば、現在四十歳以上の人が学校の教科書で教えられた「源頼朝の像」や「武田信玄の像」は、今では彼らの姿を写したものではないということが明らかになり教科書から削除されています。もう少し遡ると、「仁徳《にんとく》天皇陵」と呼ばれていた日本最大の前方後円墳は、現在「大仙陵《だいせんりょう》古墳」と表記されるようになりました。これは、仁徳天皇のお墓だと言い切れなくなったからです。

さらに時代を遡ると、これまで日本には人が住んでいなかったとされていた時代、具体的に言うと二万年以上前の人骨が近年、石垣島で発見され、学者が歴史教科書の書き換えをすべく研究を進めています。

ですから、読者の皆様には、本書を読まれるにあたり、まずこれまで学校で教えられた「歴史」を一度手放していただき、何が真実なのだろうというフラットな心で臨んでいただきたいと思います。

『竹内文書』に綴《つづ》られている歴史は、学校で学んだ歴史を真実だと思っていると荒唐無稽《こうとうむけい》に思えるでしょう。事実、当神宮に伝承する古文書の正統性が認められていないのは、『竹内文書』の内容が他の古文書とあまりにもかけ離れているからです。

でも、学者がなんと言おうが、真実は揺るぎません。そして、学者が否定しても、彼ら自身が研究を進めれば進めるほど、『竹内文書』の記述が正しかったことが証明されていくことでしょう。

大切なのは、学校で教えられたことや他人の言うことを、そのまま鵜呑《うの》みにするのではなく、自分で考え、自分で経験し、自分自身の直感を磨き、真実は何かを見極める目を養うことです。

本書では『竹内文書』の内容もご紹介しますが、それはこれまで多くの『竹内文書』研究家や古史古伝の愛好家が行ってきたように「これこそが真実の歴史だ」と訴えるためではありません。なぜなら、そんなことをしなくても、それは歴史学や考古学の研究が進めば自ずと解決する問題だと思っているからです。

では、何のために今、皇祖皇太神宮の管長であるわたしが『竹内文書』の本を書くことにしたのでしょう。

それは、今こそ『竹内文書』を活用することが必要だと切実に感じたからです。

●今こそ『竹内文書』を活かすとき

きっかけは二〇一一年三月十一日の東日本大震災でした。

あの日、わたしは北茨城の皇祖皇太神宮にいました。大きく長い揺れに神宮の建物も被害を受けましたが幸い倒壊は免れました。ほっとしたのもつかの間、本当に恐ろしい災害はその後にやって来ました。そう「津波」です。

眼下に迫り来る真っ黒な津波を見ながら、わたしは『竹内文書』の天変地異の記述にある「万国土《どろ》の海となる」という言葉を思い出していました。

津波は神宮のある磯原だけでなく、太平洋岸の町々を飲み込み、多くの人々の命を奪い、財産を奪いました。被災した人々は「なぜ自分たちがこのような災害に遭わねばならないのか」と、涙を流しました。

なぜ、神はこのような悲惨な災害を日本にもたらしたのでしょう。

古来、日本は災害の多い国です。『竹内文書』にも災害の記録は多数残されています。そして、その記録によれば、災害には必ず原因があり、その原因とは「人心の乱れ」だと言います。

でも、日本に災害が起きたのは日本人の心が乱れてしまったからで、震災で命を失ったり、家族を失ったり、財産をなくした人々は、己の悪行のツケを支払ったのだ、という短絡的な解釈をしてはいけません。神は、そのような短絡的な形で罰を与えることは決してありません。

過酷な現実ですが、このような災害では、神は罪なき人々、心正しき人々の命も奪います。それは、そのような尊い人命を失うことでしか学べないことを学ぶためです。

事実、震災の後、日本人の心は一つにまとまりました。人々は助け合い、家族の大切さや命の尊さを再認識しました。海外からは支援の手がさしのべられ、礼儀正しくその支援を受ける日本人の姿は世界で称賛されました。つまり、日本の災害を通して日本のみならず、世界中の人々が一つにまとまり、人としての「尊い役割」を果たすことができたのです。

神が災害を起こした目的はここにあります。

日本人には神国に生きる人間として、世界中の人々に率先して模範を示すという役割が課せられています。つまり、日本で災害が起きたのは、日本人の心が特に乱れてしまったからではなく、過酷な状態の中で一つにまとまる日本人の姿を世界の人々に示すためだったのです。そうした日本人の姿を、散り散りばらばらになってしまった世界中の人々が見ることで、彼らに、人間としての本来の生き方、争うのではなく、互いに助け合って生きることの大切さと素晴らしさを思い出してもらい、世界を変えることにあったのです。

確かにあの一瞬、日本人の心は一つにまとまり、世界の人々の心もそれに呼応するようにまとまっていくかに見えました。

しかし、あれから四年の歳月が過ぎた今、わたしたちの心はあのときと同じようにまとまっていると言えるでしょうか。被災した人々の痛みを自分の痛みとして思いやることができているでしょうか。遠く離れた家族を、心から心配することができているでしょうか。

残念ながら、たった四年の歳月が過ぎただけで、人々の心はまた乱れてしまっているように思います。

これはとても恐ろしいことです。

なぜなら、災害はまだ終わっていないからです。

事実、東日本の復興はまだ遠く、福島第一原発で起きたチェルノブイリ級の放射能汚染は、汚染水の増加という形でいまだにその被害を拡大し続けています。でも、多くの人はそのことを日常の中で忘れてしまっています。

このままでは、神は第二の「大難」を日本に課さなければならないかもしれません。事実、巨大台風に火山の噴火など日本列島は新たな危機に見舞われています。

現代人は科学の力で災害のメカニズムを説き明かし、避けられない天災から身を守るための努力をしています。確かにそれもとても大切なことだと思いますが、わたしは、それ以上に大切なのは、災害を招く「人心の乱れ」を整える努力をすることだと思っています。

人々の心が整えば地震や津波、火山の噴火といった天災が起きなくなるとは言いませんが、大難は小難に、小難は無難にすることができるでしょう。

わたしがこれまで縁のあった方にしかお話ししてこなかった「竹内文書の教え」を、本という形で、多くの方に提唱しようと思ったのは、このためです。

『竹内文書』は単なる歴史書ではありません。

人がこの世を生きていくために本当に必要な智慧を伝える「実践のための書」なのです。
つまり、わたしが本書を通して読者の方々に受け取っていただきたいのは、世界中の人々が助け合うことで、より幸せに生きるための智慧です。

●『竹内文書』が伝える古代日本の姿

皇祖皇太神宮に伝わる『竹内文書』は、今から約千五百年前、武烈天皇（在位四九八〜五〇六）の治世に、当時皇祖皇太神宮の神主であった竹内真鳥《まとり》（平群真鳥《へぐりのまとり》）が、神代《かみよ》文字で書かれていた原典を漢字仮名交じり文に書き改めたものです。日本最古の古文書とされている『古事記』が編纂されたのは西暦七一二年なので、この時点ですでに『竹内文書』は『古事記』より二百年以上古い古文書だということになります。

でもこれはあくまでも書き改めたもので、神代文字で書かれていた原典はさらに古いものです。

ちなみに、この「原典が神代文字で書かれていた」ということが、学者たちが『竹内文書』の正統性を認めようとしない理由の一つです。なぜなら、日本の史学界では、漢字伝来以前に日本に固有の文字「神代文字」が存在していたことを認めていないからです。

でも、皇祖皇太神宮に限らず、実は日本国中の神社に神代文字は伝承しています。皇室の氏《うじ》神《がみ》である伊勢神宮にも神代文字で綴られた奉納文が数多く伝わっています。

『竹内文書』が否定されている理由はそれだけではありません。『竹内文書』が伝える古代日本の姿は、学者たちの理解を遙かに超えるスケールをもって記されていたからです。

その記述は天地の創造から始まる「天神《てんじん》七代」から始まります。これは文字通り七代の神々によって世界が生み出され、人類が誕生するところまでが記されています。

続く「上古《じょうこ》」はある意味人間にとって最も理想的な世界です。それはいわゆる原始社会ではなく、高度な文明に支えられたとても平和な世界だからです。

この上古の時代、世界の国々は一つにまとまっていました。その一つにまとまった世界を治めていたのは、現在の日本の天皇の祖先にあたる古代の天皇「スメラミコト」だったと『竹内文書』は伝えています。

当時の文明は非常に高く、スメラミコトは天空を翔《かけ》る「天《あめ》の浮舟《うきふね》」と呼ばれる飛行船に乗って世界中を巡幸し、その土地土地に必要な教育を施し、世界を一つにまとめていました。

しかし、そんな理想的な世界国家もやがて崩れ始めます。

立て続けに世界各地に大規模な天変地異が起こり、世界が分断されてしまうのです。

繋がりが断たれた人々は、孤独、孤立の不安からか、スメラミコトへの敬愛の念を失い、それに伴いスメラミコトの権威も失われていきました。

こうして「上古」と分類される平和で理想的な世界は終焉を迎えます。

その後始まる「不合朝《ふきあえずちょう》」は、さまざまな天変地異に見舞われながらも、スメラミコトが人々を懸命に導かれた時代です。日本をはじめ、世界各地に残る神話はこの時代の記憶が元になっています。混迷の不合朝は七十三代で終わり、最後のスメラミコトによって、新たに「神《かん》倭朝《やまと》」が開かれます。この不合朝七十三代のスメラミコトにして、神倭朝初代の天皇とおなりになったのが、神武天皇です。

この神武天皇以降、世界のスメラミコトは日本一国を統治するだけの天皇になってしまわれました。

ここから先は、いろいろと細かな差異はあるものの、基本的な天皇の系譜は『古事記』や『日本書紀』の記録とほぼ一致しています。

●太古から秘守・伝承してきた「人類がよりよく生きるための智慧」

このような他に類を見ない歴史を伝える『竹内文書』を太古から御神宝として大切に祀《まつ》り、秘守・伝承してきたのが、わたしが神主を務める皇祖皇太神宮です。

わたしは皇祖皇太神宮の初代管長である武内宿禰《たけしうちのすくね》から数えて六十八代目に当たります。それほど長い間存在していたのに多くの人が当神宮の存在を知らないのは、御神宝を守るために長い間その存在を秘匿していたからです。

皇祖皇太神宮を公式に再建し、御神宝の存在を一般に公開したのは、わたしの祖父にあたる第六十六代管長・竹内巨麿《きよまろ》でした。しかし、非常に残念なことに、『竹内文書』が公開されると、その波紋は神宮に対する弾圧という形で戻ってきました。

昭和十一（一九三六）年、『竹内文書』の内容が国民信仰の中心である伊勢神宮を中心とする国家神道に対する「不敬」に当たるとして、竹内巨麿は起訴されてしまったのです。

でも、真実というのはいつの時代も覆い隠せないものです。

神宮の古文書や御神宝を偽書・ねつ造品と断じた学者が自説を完全に立証できないまま裁判は長引き、現在の最高裁判所に相当する「大審院」までもつれ込み、最終的には皇祖皇太神宮および竹内巨麿の「無罪」が確定しています。

つまり、学者は否定しましたが、国家は『竹内文書』の正統性を認めたということです。

それでも日本の学界は『竹内文書』の正統性をいまだに認めていないのです。

平成二十七年現在、わたしが『竹内文書』の存在をこのような形で再公開することを決意したのは、日本にも世界にも争いが絶えず、人心の荒廃が危ういところまで来てしまったからです。

国と国の戦争はなくならず、人々の貧富の差は一向に縮まらず、世界各地で異常気象や天変地異が頻発しています。

なぜ世界はここまで乱れてしまったのでしょう。

社会の荒廃は、人心の荒廃から生まれます。

ですから社会を整えるには、まず荒廃してしまった人の心を正すことが必要なのです。

人々が心を正せば、社会も地球の環境も豊かさを取り戻します。

人の荒廃した心を整えるためには、「人として生きるために必要な正しい智慧」を学ぶことが必要です。

そして、その智慧がふんだんに詰まっているのが、『竹内文書』なのです。

『竹内文書』は、これまで他に類を見ない特異な歴史記述ばかりがエキセントリックに取り沙汰されてきました。もちろん歴史から学ぶべきこともたくさんあるのですが、『竹内文書』の真価は歴史書の枠に収まるものではありません。

『竹内文書』には、現在世界各地で宗教の教祖として崇《あが》められている人々が、皇祖皇太神宮を訪れ学んでいたことが記されています。

ユダヤ教の指導者モーゼ、神の子として愛を説《と》いたイエス・キリスト、仏教を開いた釈迦、イスラム教最大の預言者ムハンマド（マホメット）、儒教の開祖・孔子。彼らはみな、人々にその教えを説く以前に皇祖皇太神宮を密かに訪れ、「正しい智慧」を学んでいます。

彼らは皇祖皇太神宮で学んだことを、自らの言葉で、身近な人々に説いたのです。

彼らの教えは、今ではすっかり多様化してしまいましたが、もとの教えはたった一つです。原始仏教や、原始キリスト教と言われるものが多くの共通点を持っているのはこのためです。

彼らの教えに共通するもの。つまり、彼らが皇祖皇太神宮で学んだものは、「人類がよりよく生きるための智慧」です。

『竹内文書』には「日本は世界の親国」という記述がありますが、それは何も自らの存在を驕《おご》って言っているのではありません。この言葉の本当の意味は、むしろ日本人に対して、スメラミコトの国に生を受けた日本人としての誇りと責任を自覚して生きることを教えているのです。

かつてわたしの祖父である第六十六代管長・竹内巨麿が皇祖皇太神宮を再興し、御神宝を公開したとき、戦前の帝国主義的思想の中で、『竹内文書』の記述を論拠に「かつて世界は日本のスメラミコトが統治していた。だから日本こそ世界の親国である。世界はその親国日本のもとに再統合されるべきだ」と主張する人々が登場したことがありました。

「日本は世界の親国である」

この言葉は嘘ではありませんが、その解釈を誤ると、非常に傲慢で危険なものになってしまいます。

『竹内文書』はかつての日本の栄光を誇るための傲慢な歴史書ではありません。

人がよりよく生きるための智慧を伝える「実践の書」なのです。

そんな、人がよりよく生きるために必要な智慧を『竹内文書』は次の言葉に集約しています。

「人として何が正しくて何が誤りなのか」

言葉にするととてもシンプルですが、『竹内文書』が最も伝えたいことの根幹はこの言葉に尽きるとわたしは解釈しています。

『竹内文書』の原典は、先の裁判のときに国に資料として提出したものが、大審院の倉庫にあるときに空襲で焼失してしまったため、残念ながら現存していません。今あるのは、当時、写しとして書き残されたものが残っているだけです。

このように言うと、たいしたものは残っていないのではないか、と思われるかもしれません。でも、この言葉にも当時の弾圧から御神宝を守るための方便が含まれていたのです。

確かに先の裁判の際に貴重な御神宝の多くが失われたことは事実です。

でも、実は神宮にとって最も大切なもの、祖父・巨麿が『竹内文書』を一般公開したときにも決して公開しなかった智慧の塊『神秘秘伝の術事の巻』は、失われることなく今も皇祖皇太神宮に受け継がれているのです。

本書では、そうしたこれまで決して公開されることのなかった秘伝書や御神宝の内容などもひもときながら、『竹内文書』の伝える「人としての正しい生き方」の基本をお話ししていきたいと思っています。

念のために申し上げておきますが、人はそれぞれ異なった魂を持ち、異なった環境で生きています。そのため抱えている問題も一人一人違います。ですから、大切なのはすべての人に当てはまる智慧、「何が正しくて何が誤りなのか」という基本となる智慧です。細かな問題や、特異な問題は、この基本をもとに一人一人が自ら判断することが必要になります。

本書が、一人でも多くの人に、「人」として、「日本人」として、幸福な道を歩んでいくきっかけとなることを願ってやみません。

皇祖皇太神宮　第六十八代管長　　竹内康裕

第一章

『竹内文書』の全貌と皇祖皇太神宮がたどった波乱の歴史

『竹内文書』とは何か

『竹内文書』とは何か。

この問いに一言で答えるなら、「叡智の結晶」という言葉が最もふさわしいとわたしは思います。

これまで『竹内文書』は、他に類を見ない歴史的記述ばかりがエキセントリックに取り挙げられてきたので、「『竹内文書』＝歴史書」だと思っている人が多いようです。

歴史書は人類の歩みを記録したものですからとても貴重なものです。

そして、歴史から学ぶべきこともたくさんあります。しかし『竹内文書』の真価は、単なる歴史書の範疇に収まるものではありません。なぜなら、『竹内文書』には神々が人類に与えた叡智が満ちているからです。

長い間秘匿されていた『竹内文書』が、沈黙を破り人々の前にその姿を現したのは明治四十三（一九一〇）年のことです。きっかけは、わたしの祖父に当たる皇祖皇太神宮第六十六代管長・竹内巨麿《たけうちきよまろ》（一八七五〜一九六五）が、もともと越中富山にあった皇祖皇太神宮を、現在の茨城県北茨城市磯原において、「皇祖皇太神宮天津教《あまつきょう》」として再興したことでした。

皇祖皇太神宮の歴史は、神宮に伝わる記録によれば、天神六代、現在の富山県にあたる天越根中国《あまこしねなかつくに》の「御皇城山《おみじんやま》というところに創建された「天神人祖一神宮《あまつかみくにつかみはじめたましいたまや》」から始まります。

ここで「天神《てんじん》」という聞き慣れない時代区分に疑問を感じられた方も多いことでしょう。それもそのはずです。「天神」という時代区分は『竹内文書』独自のものです。

現在、日本の歴史教育における時代区分は「石器→縄文→弥生→古墳→飛鳥→奈良→平安→鎌倉→室町→戦国→江戸→近代（明治以降）→現代」とされています。どこにも「天神」という記載はありません。『竹内文書』に記されている「天神時代」とは、現在の歴史区分に当てはめると、最も古い石器時代より遙か昔、地球開闢《かいびゃく》にまで遡《さかのぼ》ります。

現在の歴史学では、日本の歴史は、文字記録から遡れるのが古墳時代ですから今から二千年前程度、考古学的史料から遡れるものまで枠を広げても、せいぜい石器時代の数万年前までぐらいです。それが『竹内文書』の記録では、日本の歴史は地球開闢とともに始まることになるのです。

まずはその大きな流れを確認しておきましょう。

『竹内文書』の時代区分は、大きく次の四つに分かれています。

【天神《てんじん》　七代】　期間不詳
【上古《じょうこ》　二十五代】　三万三四九〇年（竹内文書の記録に基づく推定）
【不合朝《ふきあえずちょう》　七十三代】　八二七九年（竹内文書の記録に基づく推定）
【神倭《かんやまと》朝】　二六七五年（平成二十七年現在）

●天神——宇宙開闢から天皇降臨まで

「天神七代」は、宇宙開闢の神皇《しんのう》、天地身一大神《あめつちまひとつのおおかみ》、またの名を元無極体主王御神《むとふみくらいぬしのおおみかみ》から　第七代までの神皇が治めた時代です。ちなみに「神皇」とは、神であり天皇《スメラミコト》である存在を意味する尊称です。

天神とは大きく言うと、天地開闢から宇宙・地球の創世、そして神皇が肉体をもって地球の日本に降臨されるまでの時代です。

天神七代の神皇は、基本的に一代に一人の神皇なのですが、最後の七代だけは七代ノ一・天御光太陽貴王日大光日大神《あめみひかりおおひなかきおうひおおてるひおおかみ》、またの名をメシヤと、七代ノ二・天御光太陰貴王女大神《あめみひかりおほいんなかきおほめのおおかみ》またの名を月神身光神《つきのかみみひかるかみ》というお二人の神皇が立たれています。

なぜ天神七代の神皇だけお二人おられるのでしょうか。

それは、神皇のお名前にそれぞれ「太陽」と「太陰」という文字が用いられていることから考えて、このときに「陰」と「陽」が明確に別れたことを表していると思われます。

天神第一代・元無極体主王御神はすべてを内包した独神《ひとりがみ》として存在されました。それが天神二代には、中未分主大神《なかなしわかれのしおおかみ》尊と中未分美尊大神《なかなしわかれみおおかみ》という二神によって治められています。一見するとこの時点ですでに陰陽が別れたように見えますが、これはまだ陰陽の力によって宇宙に動きが生じた段階を表現しているだけです。つまり、この段階の陰陽はまだ「物質」ではなく、「エネルギー」として存在していたということです。

このエネルギーとしての陰陽から「物質」が生じたのが天神六代・国万造主大神身光天皇《くによろずつくりぬしおほかみみひかりすめらみこと》の時代です。そのことは、天神六代の次の記述からわかります。

> 地球公運活動のひながたを造り、日高天原《ひたかあまのはら》に無数の身光《みひかり》の星と名《な》ずくる星を産む。
> （『神代の万国史』　四ページ）

ここで言う「星」というのは、地球を含む宇宙の星々のことと思われます。

先ほど日本の歴史は地球開闢とともに始まると申し上げましたが、実は天神時代は、それ以前の時代、つまり、宇宙開闢から地球を創世し、天皇の皇子が地球に降臨されるまでの時代なのです。

そして、この七代ノ一の神皇の皇子が上古一代の天皇である天日豊本葦牙気皇主身光大神《あめひのもとあしかびきみぬしみひかりおおかみ》天皇《すめらみこと》となられたのです。

天神時代から、神皇は地球を形作るために、神皇の住まう「天日国《あめのひのくに》」から何度も地球に通い、さまざまな働きを担う神々を生み出していました。

天皇が初めて地球に降臨された記録は天神五代にあります。その場所は現在の岐阜県大野郡舟山だといいます。そののちも天の神々は何度も地球と宇宙を行き来しましたが、場所は舟山だけではなく、富山県五箇山《ごかやま》に残る「天柱石」も、そうした天と地を繋いだ降臨場所だったとされています。

でも、この天神時代の降臨は、物質誕生以前の話なので、エネルギーとしての降臨だったと考えられます。

こうして何度もエネルギーとしての降臨が繰り返され、その神々の働きによって地球は文字通り生命体が息づく惑星として形作られていったのです。その様子は、まさに神々による天地創造と言えるものです。

そしてすべてが整うと、神々は地上に「神宮《たましいたまや》」を造り、その神宮を造った場所を「天越根国《あまこしねのくに》」と名付けます。これが現在の日本国であり、この時創建された神宮が、皇祖皇太神宮の前身「天神人祖一神宮《あまつかみくにつかみはじめのたましいたまや》」なのです。

ちなみに天神六代には地球の自転・公転のリズムが定まり、一年が三六五日になり、天神七代には、自然気象、遺伝子工学、農業、医学など人間が地球で生きていくために必要なさまざまな摂理がもたらされました。

ここまで整って初めて神皇は肉体を持った「天皇《スメラミコト》」として天孫降臨を果たされたのです。

●上古二十五代――理想的な天皇親政の時代

続く「上古《じょうこ》二十五代」は、天孫降臨した天日豊本葦牙気皇主身光大神天皇から、第二十五代の天津彦火火出見身光天津日嗣天皇《あまつひこほほでみみひかりあまつひつぎのすめらみこと》までが治められた時代です。上古時代は天皇による親政が最も理想的に行われた時代でもあります。

天神時代が神々の時代だったのに対し、上古時代は『竹内文書』で「五色人《いいろひと》（ごしきじん）」と言われる「人類」の時代です。

上古一代の天皇、天日豊本葦牙気皇主身光大神天皇は、またの名を「天下万国五色人大根《あまがしたとこよいいろひとおおね》祖神《おやかみ》」と申し上げ、人類の祖先であることが示されています。

事実、この天皇はとても多くの皇子、皇女を設けられ、それぞれにさまざまなお役割を命じていらっしゃいます。そのほんの一例をご紹介しましょう。

天皇詔し万の皇子たちに命ず。
天豊穀食類姫尊　　穀食物類十四種蚕種根主神を十四穀と名付
天日火焚焼玉姫尊　　火焚食物造法神
天豊埴安琵彦尊　　土を以て鍋釜食器造り
天豊禁厭建彦尊　　人の害猛虫生霊魔災難消除長寿守神
天日体骸医師彦尊　　マジナイ薬の神
大海食魚捕彦尊　　海魚を漁しむ神
天豊繭蚕機織姫尊　　男女衣裳を造
天豊五色幣作彦尊　　五色幣造越根の神宮奉納
（以下略）
（『神代の万国史』一〇ページ）

当時の天皇の寿命は非常に長く、一代のうちに多くの皇子・皇女が生まれ、その皇子たちがまた子供を産む、というかたちで、天皇の子孫が世界中に満ちていきました。
また、この天皇は、即位八十億万年目に、世界各地にそこに住む皇子たちの名前を国名としてつけることを決めています。

天職天皇即し八十億万年詔して産皇子住所皇子名を国名に付る定め。
（『神代の万国史』一四ページ）

竹内文書に人類を意味する「五色人」という言葉が最初に登場するのは上古二代、造化気万《つくりのしきよろず》男身光天皇《をみひかりかみ》のときです。

天皇即位六億八千六百六十万八千六百二十一歳に弟妹《おとめ》五色人を産。
（『神代の万国史』二四ページ）

このときも天皇は、この弟妹たちの中から十五人の皇子と一人の皇女を選び、日本を中心に世界を十六方位に分け、それぞれの地域に派遣しました。これが現在に繋がる五色人の祖とされています。

こうして天皇は皇子・皇女を地球上の各地に派遣し、国を開き、人々に文明を授けたのでした。

さらに天皇は、「天の浮舟」と称する空飛ぶ船に乗って自ら世界各地を巡る「万国巡幸」も行い、自らの目で見た各地の事情を親政に反映させていました。

天越根国の御皇城山に創建された天神人祖一神宮が、皇祖皇太神宮に改まったのは上古十代、高皇産霊身光天都日嗣天皇《たかみむすびみひかるあまつひつぎすめらみこと》の御代です。このとき神勅が下り、初代の神皇（天皇）から今上天皇までを合祀し奉る神宮を「皇祖皇太神宮」とし、諸国の「五色人祖《いいろひとおやかみ》」、つまり外国の国王や王妃、また天皇の血を受け継ぐ指導者である「民王《みっとそん》」らを祀る神宮を「別祖大神宮《とこおやおおたましいたまや》」と区別し、新たに祀りました。日本の歴史ある神社は「内宮」と「外宮」にわかれているものが数多く存在しますが、そのルーツは、この皇祖皇太神宮と別祖大神宮にあったのです。

これ以降、代々の天皇は、それまで天神人祖一神宮で毎年行われていた神祀りを、皇祖皇太神宮と別祖大神宮でそれぞれにふさわしい形で執り行うようになります。

皇祖皇太神宮では、天皇自らが祭主となり大祭礼を行いました。大祭礼では、天皇は南に向かい天津高御座《あまつたかみくら》にお座りになり、手に万国の棟梁の証である神剣「神日本魂剣《かみやまとたましいつるぎ》」をお持ちになり、天照日神《あまてらすひのかみ》の稜威燦《みいつさん》として、天皇の威光が十六方に光り輝くさまを現した菊花型の御紋章「日輪章」を身につけられて、世界各地から集まった王や民王らの祝賀を受けられたのです。

しかし、そんな理想的な天皇親政が行われた上古時代も、十四代・国之常立身光天津日嗣《くにのとこたちみひかりあまつひつぎ》天日天皇《あめのすめらみこと》の御代に起きた大天変地異を境に陰りを見せ始めます。

これ以降、「万国土《どろ》の海となる」と記録される大天変地異が繰り返し発生するようになり、天皇はその度に皇子を被災地に派遣したり、救済の詔を発するなど、復興事業に追われるようになっていきます。

●不合朝《ふきあえず》——一代一世の天皇に

不合朝では、天皇の威光は上古の時代より衰えますが、まだ天皇による万国巡幸も行われており、諸国も天皇を万国の棟梁として仰いでいました。しかし、上古とは一つ大きく違ったこともありました。それは、天皇一代のあり方です。

上古の時代は、一代一世の天皇ではありません。一代に同じ名前の天皇が何人も就かれています。多いときでは三十何世もの天皇を数えた代もあります。さらに、当時は今では考えられないほど寿命が長かったので、一代の天皇の御代は天文学的年月に達することも珍しくありませんでした。それが不合朝では一代を一世、つまり一人の天皇が治められるようになります。そして寿命も天文学的長さから次第に短くなっていきます。

『古事記』や『旧約聖書』など、古文献にはしばしば何千年、何百年という現在では到底考えられない長寿の記録が見られますが、それはこうした超古代の記憶に基づいたものと考えられます。

しかしそうした他の古文献に見られる長寿の記録でさえ、『竹内文書』に記された上古・不合の時代の寿命と比べると非常に短命なものといえます。おそらく、人の寿命は天変地異など大きな変化を経るごとに短くなっていったのでしょう。

なぜ寿命が短くなってしまったのかはわかりませんが、不合朝第三代・真白玉真輝彦身光《ましらたままてるひこみひかり》天津日嗣天皇《あまつひつぎすめらみこと》の御代に、天日神から次のような神勅が下りたことが記録されています。

天日神より天皇ひ神勅、今より人の命二千歳以て下の命に定る。天皇鳴かしめる。

（『神代の万国史』二二二ページ）

人の寿命を二〇〇〇歳以下にするという神勅が天日神から下り、天皇が悲しみの涙を流したという記録です。これによって、人の寿命は、天の神々によって短く変化させられていったことがわかります。

その後、不合朝は七十三代まで続きますが、すでに述べた通り一代一世の天皇であり、その一代の天皇の寿命も短くなっているため、不合朝の一代の治世年数は上古の一代に比べるとかなり短くなっています。不合朝の総年数が、上古時代のそれよりかなり短いものになっているのは、このためです。

不合朝最後の天皇である第七十三代・狭野尊天日嗣天皇《さのみことあめひつぎすめらみこと》が、一一二歳の時に（不合朝七十三代の記録では一〇〇歳のときに）新たに開かれたのが、今上天皇まで繋がる神倭朝《かんやまと》です。

●神倭朝――世界の統治者から日本の天皇へ

この不合朝から神倭朝への転換は歴史的に非常に大きな意味を持っていました。なぜなら、これによって世界の統治者であった「天皇（スメラミコト）」は、日本の統治者である「天皇《てんのう》」へと、そのお立場を大きく変化させることになったからです。

では、なぜ天皇の世界統治が行われなくなってしまったのでしょう。

その理由は、不合朝に繰り返し起きた世界的な天変地異が原因です。

世界各地で「万国土の海となる」ような天変地異が何度も何度も繰り返され、その度に多くの人命が失われました。おそらく、そうした天変地異の中には、文明が滅び、人々が生活を原始からやり直さなければならないような壊滅的なものもあったと考えられます。

事実、不合朝第六十九代・神足別豊鋤天日嗣天皇《かんたるわけとよすきあめひつぎすめらみこと》の御代には、「ミヨイ」と「タミアラ」という高度な文明を誇った二つの大きな大陸が海の底に沈んでしまっています。

ちなみに、この海に沈んだミヨイとタミアラという国の記憶が語り継がれたのが、高度な文明を誇りながら海底に沈んだと言われる「ムー」と「アトランティス」という二つの大陸の伝承なのです。

こうしてかつては一つの文明を共有していた地球人類は、物理的にも精神的にも分断されバラバラになっていきました。

天皇は被災地を訪れたり、さまざまな努力をなさいましたが、再びかつてのような世界政府を再建することはできませんでした。

世界政府を再建するどころか、天皇のお膝元である日本も天変地異に襲われ、そのときに失われた皇祖皇太神宮を再建することすら思うようにできなかったのです。

『神代の万国史』の神倭朝第一代の記述には次のような言葉があります。

この当時越中地方は、天変地変の余波にて皇祖皇太神宮はまだ完成されなかったので、天皇は神通川の岸、皇祖皇太神宮の東より、遥拝をされた。

（『神代の万国史』三二五ページ）

皇祖皇太神宮は、地球開闢以来、代々の天皇が自ら祭主となって大祭礼を行ってきた特別な宮です。当時の世界政府は、その大切な宮さえ再建できないほど大きなダメージを受けていたのです。

●神倭朝第一代天皇こそが、神武天皇

こうした事実が、天皇に一つの決意を促しました。

それは、「まずは足下である日本国の再建をしなければならない」というものです。

その決意のほどが表れているのが、このときに天皇が改名されたお名前です。

不合朝第七十三代・狭野尊天日嗣天皇は、自ら御名を「神日本磐余彦尊《かみやまといわれひこのみこと》」と改められ、不合という時代に区切りをつけ、新たに「神倭朝」を開かれます。

こうして神倭朝第一代天皇となられた神日本磐余彦尊こそ、多くの日本人が初代の天皇だと思っている神武《じんむ》天皇です。

つまり『竹内文書』は、神武天皇以前の日本に、地球開闢以来の長い歴史があったことを、克明な歴史記述をもって伝えているのです。

皇祖皇太神宮と御神宝の由来

神宮に伝わった太古の記録は、現在『神代《かみよ》の万国史』というタイトルで、一冊の書物にまとめられています。

『神代の万国史』が出版されたのは昭和四十五（一九七〇）年、編纂事業を手がけたのはわた

しの父、皇祖皇太神宮第六十七代管長の竹内義宮《よしみや》です。

『神代の万国史』は、残念ながら神宮に伝わった歴史書のすべてを網羅《もうら》してはいません。なぜすべての歴史記録がまとめられていないのでしょう。

実は、したくてもできない理由があったのです。その「理由」をお話しするために、そもそもなぜ皇祖皇太神宮の神主家である竹内家に、皇室にも伝わっていない太古の歴史書が伝えられたのか、ということについて触れておきたいと思います。

わたしで六十八代目を数える竹内家は、武内宿禰《たけしうちのすくね》から始まります。

武内宿禰は、『古事記』や『日本書紀』にもその記録を見ることができる人物ですが、神倭朝第十二代・景行《けいこう》天皇から、成務《せいむ》天皇、仲哀《ちゅうあい》天皇、応神《おうじん》天皇を経て、仁徳《にんとく》天皇までの五代にわたって天皇に仕え、国政を補佐したとされる人物です。しかし、三〇〇歳近くに至る長寿であったという記述が疑われ、実在の人物ではなく伝説上の人物なのではないかと考える学者もいるようです。しかし、思い出してください、先ほど述べたように、もともと人の寿命というのは、今のわたしたちが考えているより遙かに長いものだったのです。確かに、当時はすでにほとんどの人の寿命は短くなっていましたが、神に仕える武内宿禰の寿命が他の人より長かったということは充分にあり得ることなのです。

ちなみに、『竹内文書』では、仲哀天皇と応神天皇の間に神功皇后《じんぐう》が息長帯媛天皇《おきながたらしひめてんのう》として即位されたことを記しているので、宿禰は実際には六代の天皇にお仕えしたと思われます。

さて、もともと天皇の補佐をしていた武内宿禰の子孫である竹内家が、正式に皇祖皇太神宮の神主を務めるようになったのは、宿禰の孫に当たる平群真鳥《へぐりのまとり》の代のことです。

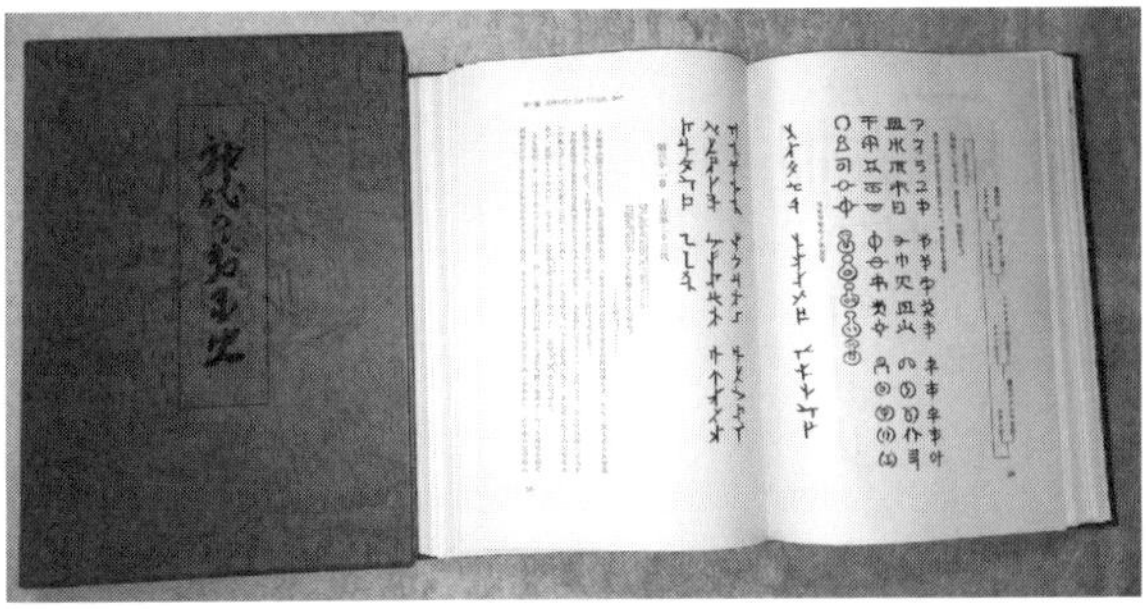

皇祖皇太神宮に伝えられた数々の文献記録をまとめた『神代の万国史』（1970年刊）

神主とは、一般的に神社において神に仕え、祭祀を行う人のことです。皇祖皇太神宮は本来、天皇自らが祭主となって祭祀が行われるべき宮なので、天皇とは別に「神主家」が存在すること自体、本義から少し外れるのですが、神倭朝になると次第に天皇が直接祭主となることが少なくなっていたため、おそらくは天皇が自らの代わりに神宮を守り、祭祀を行える人物として信頼する武内宿禰に自らの代理を命じたのだと考えられます。

事実、『竹内文書』には、神倭朝第十六代・応神天皇が武内宿禰を勅使として皇祖皇太神宮に使わしたという記録が残っています。

誉田別尊（応神天皇）即位十一年一月六日に「竹内宿弥」を勅使として、越根中国赤池神明「皇祖皇太神宮」につかわし、代々天皇の御親作の「神籬立甕《ひもろぎたてかめ》」、息長帯天皇の御鏡及び神代の御宝を神宮の地中に秘蔵せしめられた。仏徒の暴挙を免れしめ給ふためである。

（『神代の万国史』三三二ページ）

これは非常に重要な記録です。

まず、注目していただきたいのは応神天皇が何のために武内宿禰を勅使として派遣したのか、ということです。「神代の御宝を神宮の地中に秘蔵せしめ」とあるので、神宮に伝わる御神宝を地中に秘密裏に隠すよう命じたことがわかります。大切な御神宝を、しかも秘密裏に隠さなければならなかったということは、当時それらが奪われたり傷つけられたりする危険性があったということです。

もう一つのポイントは、では誰がそのようなことをする危険があると考えられていたのか。その答えもこの記録に明記されています。それは「仏徒」、つまり仏教の信者です。

仏教は釈迦を開祖とする宗教です。実は、釈迦は五十二歳のときに皇祖皇太神宮で学び、そのとき学んだことを元にインドで教えを説いたので、仏教のルーツは皇祖皇太神宮の叡智に基づいているのですが、世界が天変地異によって分断されたことによってそうしたことが忘れられ、教えの内容も時の流れの中で人々に都合のいいように改変されてしまっていたのです。そして、この改変された仏教が、当時、神道とは異なる教えとして日本に伝わってきていました。

仏教を信じる人々は、本来同じものであるはずの皇祖皇太神宮の教えを自分たちにとって都合の悪いものとして排除しようとしました。天皇は、こうした仏教徒たちと争うのではなく、大切な御神宝が傷つけられ失われないように、密かに隠させたのです。

しかし、こうした行為の陰には、争いたくないという気持ちとともに、当時の天皇に仏教徒を縛《いまし》めるだけの権威が失われていたことも確かです。

皇祖皇太神宮が代々守ってきた古文献を竹内家が受け継ぐことになったのには、こうした天皇の権威喪失とそれに伴う皇祖皇太神宮の権威の喪失が大きく関係していたのです。

最初に神代の記録と御神宝の保管が危ぶまれたのは、神倭朝第八代・孝元《こうげん》天皇の御代のことです。このとき、天皇に次のような神勅が下りました。

「皇祖皇太神宮の御神宝、上代の御神骨、ミクサの神宝を、この後他国人又万国人に大秘密に秘蔵せよ」

（『神代の万国史』三二九ページ）

つまり、応神天皇が御神宝を地中に秘蔵させる前に、まずは非公開にするという措置がとられていたのです。それでも保持が危ぶまれるようになったため、応神天皇はやむなく武内宿禰に御神宝類を秘蔵するよう命じられたのです。

しかし、その後も仏教徒の勢力は拡大し続け、それと対照的に天皇と神宮の権威は衰退していきました。そして、神倭朝第二十二代・雄略《ゆうりゃく》天皇のとき、ついに天皇は反神宮勢力に力負けし、神勅によって非公開とされていた神代の記録を見せざるを得なくなってしまいます。

天皇即位二十一年ムツヒ月（一月）コモリ一日（二十一日）平群竹内（武内）真鳥に命じ、大伴室屋、葛城円、物部目連、巨勢男人、蘇我韓子の五名の願いにより、万国棟梁皇祖皇太神宮神躰の、神代文字天皇御系譜の巻より、天之御中主天皇より上代天皇及び神代の神名を除き、狭野天皇（神武天皇）までの個所を、写すことを許可された。よって、真鳥宿弥の写しの巻より写さしめられた。

（『神代の万国史』三三三ページ）

この記述から、当時非公開とされていた神代の記録を管理していたのが、真鳥宿禰（平群真鳥）という人物であったことがわかります。この平群真鳥こそ、武内宿禰の孫にして、現在の皇祖皇太神宮神主家である「竹内家」を起こした人物なのです。

そして、このとき大伴室屋ら五人に写し取らせた神代の記録を元に、当時の反神宮勢力が、自分たちに都合がいいように改変・再編集して作られたのが『古事記』であり『日本書紀』だと記録は伝えています。

ここで注目していただきたいのが、「真鳥宿禰の写しの巻より写さしめた」という一文です。この一文から、天皇が反神宮勢力（仏教徒）の要求に屈し提供した神代の記録は「平群真鳥が書き写したもの」、つまり原典ではなく写しだったということがわかります。

実は雄略天皇は、以前から神代の記録がこのままでは読めなくなり、失われてしまうのではないか、と危惧されていました。そこで、平群真鳥に神代の記録のすべてを書き写し、御神宝とともに秘匿するよう密かにお命じになっていたのです。

雄略天皇が真鳥に下された密勅がどのような言葉であったのか『神代の万国史』に記録は残っていません。しかし天皇は、神代の記録と御神宝類を真鳥に託すに当たり、「このままだといずれ神代の記録は読めなくなってしまうだろう。後世に残すために、この記録を漢字仮名交じり表記に書き改めよ」と命じられたと考えられます。なぜなら、天皇の命なくして神主家が勝手に記録を書き改めることなどあり得ないからです。

このことからもわかるように、神宮に伝わっていたもともとの神代の記録は、漢字でも仮名でもない文字、「神代文字《かみよもじ》」で記されていました。神代文字というのは、代々の天皇が必要に応じて作られてきた日本発祥の文字です。

天皇はこのまま仏教徒の勢力が強くなっていけば、やがて神代文字は失われ、記録が残っていたとしても誰も読めなくなってしまうことを危惧されたのです。なぜなら、この当時、文字が逆輸入されるという現象によって中国から入ってきた「漢字」が公用記録に用いられ、日本古来の文字である神代文字が失われ始めていたからです。

ちなみに、現代の学者の多くは大陸から漢字が伝来する以前に、日本に固有の文字が存在していたことを認めていません。しかし、神代文字が確かに存在していたことは、『竹内文書』に依るまでもなく、日本各地の古社に伝わる「守り文字」や伊勢神宮の神宮文庫に伝わる古い奉納文などの資料が証明しています（P169参照）。

こうして神代の記録を漢字仮名交じりに書き改めた後、神代文字で書かれた原典はのちに「開かずの壺」と呼ばれる容器に収められ秘蔵されました。この地中に埋められていた開かずの壺を発見し、神代の記録の原典を見たことのある祖父・巨麿によれば、神代文字で書かれた原典は「羊皮紙と見まごうような丈夫な和紙に、墨を用いて記されていた」と言っていました。

原典は残念ながら戦時下に焼失してしまいましたが、収められていた容器は、発見されたときのままの形ではありませんが、今も神宮にその破片が残っています。

話を戻しましょう。

神代文字で記された神代の記録を漢字仮名交じりに書き改めるのは大変な作業です。誰かに手伝わせるといっても、よほど信頼できる者でなければ、密勅を共有することも、原則非公開の記録を見せることもできません。したがって、密勅を受けた真鳥は、自身とせいぜいその家族というごく少人数で、この膨大な記録の再編事業を行ったと推察されます。

書き改めには長い年月を要したことでしょう。

そうこうしているうちに、反神宮勢力は、真鳥が密かに何かしているのに気がついたのかもしれません。彼らは神倭朝第二十六代・武烈《ぶれつ》天皇の御代に、さらなる記録を見せろと真鳥に詰め寄りました。しかし、これ以上大切な記録や御神宝類を渡すわけにはいきません。そこで武烈天皇は苦慮したあげく、真鳥を手打ちにすることで、彼らの追及を退けるという策を講じます。もちろん、本当に真鳥を手打ちにしてしまったわけではありません。

手打ちにしたということにして、歴史の表舞台から真鳥の存在を消し、秘密裏に皇祖皇太神宮に逃し、姓も真鳥の祖父である武内宿禰に因み「竹内」と改めさせ、皇祖皇太神宮の神主として、子々孫々、神代の記録と御神宝類、そして神宮を守るように命じたのです。

逃したと言っても、皇祖皇太神宮ではすぐに見つかってしまうのではないか、と思われるかもしれません。でも、幸か不幸か、当時の神宮は、すでに先代の仁賢《にんけん》天皇を最後に、天皇による直接祭祀が行われなくなっており、めったに人が訪れない寂しい場所になっていたのです。真鳥を逃した武烈天皇は、最後に神宮で直接祭祀を行われた仁賢天皇の皇子に当たる人物です。ですから武烈天皇は周囲の諸事情によって自ら祭祀を行うことはできなかったものの、ご自身は皇祖皇太神宮の重要性をよくご存じだったのだと思われます。

こうして竹内一族は、秘匿された神代の記録と御神宝類を守りながら、皇祖皇太神宮の神主家として神宮と御神宝をお守りしていくことになったのです。

室町幕府による大弾圧

竹内家は、武烈天皇の命を守り、今日に至るまで、代々皇祖皇太神宮と御神宝を守り続けてきました。

古くは皇室の中に竹内家の役目を知る方もおり、陰ながら支援を受けることもできていましたが、時代とともに何度も弾圧が繰り返され、皇室との結びつきは断たれていきました。

中でも決定的な弾圧が加えられたのが、室町幕府が開かれたときでした。

南北朝の末期、皇祖皇太神宮第七代の神主を務めていた竹内惟真《たけうちこれざね》は妻に後醍醐《ごだいご》天皇の皇女・良子内親王を迎えていました。南朝の後醍醐天皇は久しぶりに天皇親政を復活された天皇です。後醍醐天皇がご自身の皇女を皇祖皇太神宮の神主に嫁がせたのは、皇祖皇太神宮と皇室の結びつきを再び深めることを目指されてのことだと思われます。

しかし、その南朝は足利尊氏《たかうじ》の裏切りによって滅びてしまいます。このとき惟真は、後のことを息子に託し、自らは南朝の滅亡に殉じたと記録されています。

そんな皇室と竹内家の深い結びつきを断とうとしたのでしょう、室町幕府は皇祖皇太神宮に大弾圧を決行しています。

室町幕府「足利尊氏」貞和四年十月五日全国に命令し、敵の御方一族（南朝方）住居る寺社院を焼捨ること命ず。そのために、社寺居宅を焼かれ、更に文和四年正月七日に、古語拾遺、古事記、日本記等歴史にある神宮、寺社方の内に、南朝方居る寺社院を全部、削除することを命令し、全国の「尊氏」方に通知命令し、御国又万国《とこよくに》の大根元の祖神、「棟梁皇祖皇太神宮」始め、「赤池白竜弁財天明神」別寺社、日本中に数百箇所削除され、残念残念。又古文書、宝物品全部、室町家方にて焼捨し、実に嗚呼残念。此事口にする者切捨てられること数知れず。

（『神代の万国史』三五四ページ）

この大弾圧によって皇祖皇太神宮および竹内家は没落します。記録では幕府によってすべての御神宝が焼き捨てられたとされていますが、幕府の目を逃れ残った御神宝類もわずかですがありました。生き残った竹内家の人々は、それらの御神宝を守るために大瓶に収め、地中深くに埋め、いつか再び天皇の御代が来るまで堅く守るよう子孫に遺言しました。
その遺言には御神宝を守ることとともに、次のように書かれていたと言います。

天皇の御政権の御代に、必ず時の天皇に、天覧に入れて、再興すべし

（『神代の万国史』三五五ページ）

再び天皇に権力が戻り、御親政が行われるようになったら、秘蔵した御神宝を天皇にご覧にいれて、皇祖皇太神宮を再興させてほしい、ということです。
しかし、その後も明治に至るまで政権が天皇に戻ることはありませんでした。長く続いた武士政権の間にも、神宮ならびに竹内家は、さらに何度も試練に見舞われてしまいます。
第九代管長・竹内義信のときには仏徒によって日本各地の神社が荒らされ、第十二代・竹内

重綱のときには、前田利長《としなが》の前に引き出され、皇祖皇太神宮が保持している宝を出せと詮議されたという記録も残っています。竹内家はこのとき前田家の命令に背いたため、次の第十三代・竹内康重のときには、わずかに残っていた地行のすべてを取り上げられています。地行を失うということは、食べていく糧《かて》を失うということです。それでも、生計の道を失いながらも、神宮では何があっても御神宝を奪われることがないようにと、再び御神宝を大瓶に入れて地中深くに埋め、「宝物はすべて失いました」と言い張ることで御神宝を守り抜いたと伝えています。

しかし、この竹内家の言い分を前田家は信用せず、これ以降、神宮の管長が代替わりをする度に新しい神主に、「神宝を出せ」と迫ったと言います。こうした取り調べは厳しさを極めたものだったのでしょう。第十六代・竹内義康は執拗な責め苦に耐えきれず、屈辱のあまり自害しています。

神主家をこうした苦しみから救う神計《かみはか》りだったのかもしれませんが、このとき竹内家先祖代々の墓地が大洪水によって流されています。これを機に、御神宝は新たな竹内家の墓所に秘密裏に埋め直され、前田家の執拗な追及を逃れることができたのです。

官位を失い、地行を失い、皇室とのつながりを絶たれ、大切に守ってきた御神宝類の多くを失い、先祖伝来の墓所まで失った竹内家ですが、先祖の遺言を守り、残った御神宝類を秘守しながら再び天皇が直接統治される御代が来ることを信じて、そのときを待ち続けたのです。

再興の神勅下る

いつか再び天皇に政権が戻る日が来る。

竹内家の人々はその日が来ることを信じ、待ち続けました。

すべてを失いながらもその日が来ることを信じることができたのは、世界が再び天皇のもとで再統一されるという「神勅」が下っていたからです。

『神代の万国史』でその最も古い記録が残っているのは、不合朝第七十代・神心伝物部建天《かんこころつとふもののべのたてあめ》日嗣天皇《ひつぐすめらみこと》の代の記録です。

天皇即位二百四十一年ムツヒ月立二日（六月二日）から五日までの間に、皇后が神憑《かみがか》りとなり神勅が三度降ります。その神勅では天変地異への警戒などさまざまなことが降りますが、特に興味深いのが次の部分です。

> 神明皇祖皇太神宮別祖太神宮神主、左股に万国図形紋を以生神主の代、愈以一大事、大神宮神躰神宝神主も捨置くこそ、万国土ノ海のごとし事変、国あ

やうく、天皇アヤウクぞオ。
再大神宮神躰神宝神主を祭奉、神主世襲取立大祈念すべし。天皇世界統一する、ウタガヒナクぞオ、必ず遺言堅く守れようふと神勅。

（『神代の万国史』三一七ページ）

このままではわかりにくいと思うので、ごく簡単に説明すると、「やがて皇祖皇太神宮の神主に、左股（左足のもも）に万国図のような形をしたアザを生まれながらに持った者が現れる。その者が神主を務めている代に皇祖皇太神宮や御神宝、そして神主をないがしろにすれば、必ずその報いとして万国土《どろ》ノ海となるような天変地異が起こるだろう。しかし、神宮や御神宝、神主をきちんとお祀りすれば、再び天皇が世界を再統一し平和が訪れるだろう」と言っているのです。

この神勅は神倭朝以前の不合朝末期に下されたものです。つまり、皇祖皇太神宮に竹内家という神主家ができるはるか前に下った神勅なのです。にもかかわらず、左ももにアザを持って生まれた者が神主となったとき、日本は天変地異か天皇による世界再統一か、大きな岐路に立つことになると預言されていたのです。

竹内家の人々はこの神勅を信じ、そのときを待ち、苦しい日々を堪え続けてきたのです。

そして、長い年月を経て、ついに預言通り左ももに万国図のような形をしたアザを持つ人物が神主となります。その人物こそ、皇祖皇太神宮を復興したわたしの祖父・竹内巨麿《きよまろ》でした。

祖父が亡くなったのは昭和四十（一九六五）年、わたしが十歳のときです。

わたしは東京で生まれましたが、八歳から毎年、夏休みになると一人で磯原へ行き、休みの間中、祖父・巨麿と過ごしていたので、子供でよくわからないながらも、祖父が若い頃に山で修行した話や神様の話、皇祖皇太神宮天津教が非常に多くの信者を集めていた頃の話や弾圧にあったときの悔しい心の内など、いろいろな話を聞かせてもらっています。

祖父が本当に預言された神主だったのかと聞かれれば、正しい答えは神様しかおわかりになりません。でも、祖父の左足の内ももに変わった形のアザがあったことは、わたしがこの目で見ているのでハッキリと事実だと言えます。

祖父・巨麿の生い立ちについては、父の義宮が『デハ話ソウ』（皇祖皇太神宮刊）という本にまとめています。それによれば、巨麿は竹内宿禰六十六代の孫と称していますが、実際には竹内家には養子に入った身で、遺伝子的な意味での「子孫」ではないことがわかります。

では、血統を受け継がない巨麿がなぜ竹内家に養子に入り、由緒正しき皇祖皇太神宮の神主として神宮を再興することになったのでしょう。

そこには波乱に富んだ物語があります。

神慮により遣わされた竹内巨麿

竹内巨麿は武内宿禰の血は受け継いでいません。

では、皇祖皇太神宮に縁のない人物だったのかというと、そうではありません。むしろ巨麿は神主家である竹内家に神慮《しんりょ》によって遣わされた人物だったといえるのかもしれません。なぜなら、巨麿の実父は天皇家の血を受け継ぐ人物だったからです。

巨麿の実父は、神倭朝第五十九代・宇多《うだ》天皇の皇子・敦実《あつざね》親王の三十二代の孫にあたる庭田《にわた》権大納言従一位伯爵源《みなもと》重胤《しげたね》という人物でした。

実母は大中臣《おおなかとみの》清麿《きよまろ》三十四代の孫、藤原神宮（伊勢）の祭主正二位子爵大中臣光貞《みつさだ》の娘で奈保子という女性です。

巨麿は二人の間にできた子供ですが、正式な婚姻のもとに生まれた子供ではありませんでした。毎年、天皇の勅使として伊勢神宮を参拝していた庭田重胤が、奈保子を見そめ、二人は密かに結ばれました。

正式な婚姻ではなかったため、妊娠がわかると、奈保子は遠縁に当たる富山の山本家に預けられます。こうして巨麿は明治八（一八七五）年、富山で生まれたのです。

富山は皇祖皇太神宮の前身、天神人祖一神宮が創建された土地です。天皇家の氏神である伊勢神宮で宿り、皇祖皇太神宮創建の地である富山で生まれたのも偶然とは思えません。やはり巨磨の誕生は最初から神計りの中にあったのだと思います。

男子誕生の知らせを受けた庭田重胤は、自分の名前から一字をとって「重鸞《しげたか》」と命名し、自らの実子である証として「庭田家代々の系譜一巻」と「天真浦剣《てんのまうらのつるぎ》」「天国《あめくに》・天座《あめざ》合作の剣」、さらに「短刀・三日月丸」を与えました。

出生を祝福されたのもつかの間、まだ赤子の巨磨に最初の試練が訪れます。

産後静養のため富山に滞在していた奈保子が花見に行った帰り道のことです。暴漢が突然、奈保子を襲いました。奈保子は連れていた重鸞（後の巨磨）を従者の下西九左衛門に託すと、懐剣を手に抵抗しました。しかし女一人、男の力には到底敵《かな》いません。身を守れないと悟ると奈保子は、持っていた懐剣を自らの胸に突き刺し自害してしまいます。

重鸞は九左衛門によってなんとか一命を保ったものの、まだ身の安全が確保されたわけではありませんでした。奈保子を襲った犯人が九左衛門と子供を殺しに来る危険性があったからです。

九左衛門は山本家の主人に重鸞をつれてしばらく逃げるようにと言われ、道々もらい乳をしながら安全な場所を求めて富山県の中を転々としました。そんなとき、九左衛門は、神通川の船着き場で長い間会っていなかった実兄の竹内三郎右衛門と偶然出会います。

心細い逃避行の最中、身内に会った安堵感から九左衛門は旅の事情を三郎右衛門に打ち明けます。すると、同情した三郎右衛門は、重鸞を守るために竹内家の養子にすることを提案します。

この顚末がまた少々複雑なのですが、実は、三郎右衛門は元気で利発な男子を竹内家の養子にほしいと思っていたのです。

第66代管長・竹内巨麿

というのは、三郎右衛門には庄蔵という実子がいたのですが、これが大変な放蕩息子で、さらに悪いことに庄蔵には子がありませんでした。社《やしろ》もなく、落ちぶれてしまっていたとは言え、竹内家は皇祖皇太神宮の神主家です。なんとしても家を守り、次代に御神宝を伝えていかなければならないと考えていた三郎右衛門は養子を取ることを考え、岩次郎という村の子供を庄蔵の養子にし、竹内家の存続を図ったのですが、この岩次郎という子供は病弱で先が危ぶまれていたのです。実際、三郎右衛門が弟の九左衛門と出会ったのも、病弱な岩次郎を医者に診せに行った帰り道でした。

そんな事情を抱えた三郎右衛門の提案は、単に重鸞を竹内家の養子にするというものではありませんでした。岩次郎と重鸞をすり替え、重鸞を岩次郎として迎え入れるというものだったのです。

これならば、追っ手の目を逃れることができるので、重鸞の身の安全が確保できます。

話はまとまり、その日のうちに岩次郎と重鸞は入れ替わりました。こうして重鸞は、竹内岩次郎として生きていくことになったのです。

竹内岩次郎となった重鸞の少年時代は、残念ながらあまり幸せなものではなかったようです。特に最初の養母が亡くなると、新しい義母に酷く疎まれたようです。後にこの頃のことを回顧した巨麿は、義母に毒を盛られそうになったこともあったと告白しています。

それでも義理の祖父となった三郎右衛門にはかわいがられ、岩次郎こと重鸞は、たくましく成長していきました。

岩次郎は十二歳のときに、三郎右衛門から出生の秘密を打ち明けられます。

そして、実母の仇を討てと言われます。

このとき三郎右衛門は、見事仇討ちを果たしたのち「尚、命があったならば、国家の為命を捧げ、皇道の興隆に力を尽くせ」と命じ、竹内家と庭田家の系図二巻を岩次郎に渡しています。

岩次郎がこのときの言葉に従い、実母の仇を討つために家を出るのは、それから五年後の明治二十五（一八九二）年九月のことでした。直接のきっかけは、これまで育ててくれた三郎右衛門の死でした。三郎右衛門を看取ったとき岩次郎は十七歳、たくましい青年に成長していました。

実母を襲った男たちの身元は事件当初に割れていましたが、彼が身を隠している間にその消息はわからなくなっていました。

そこで岩次郎は、仇討ちをやり遂げるためにはまず武者修行が必要だということで、富山から京都へ、さらに若き日の源義経が修行したことでも知られる鞍馬山に入って修行を始めます。

鞍馬山での修行が二〇〇日にさしかかったとき、岩次郎は一人の仙人に出会います。

「お前はここで何をしている」

仙人にそう問われ、身の上話とともに「母の仇を討つために修行をしている」と答えると、その仙人は、「お前のいるべき場所はここではない」と言って、一つの山を指し示しました。

そこは鞍馬山からさらに奥に位置する「大悲山《だいひ》」という山でした。

こうして巨麿は大悲山へ入り、改めて修行を始めたのです。

大悲山は京都の北方約三十五キロに位置する標高七四六メートルの山です。標高はそれほど高くありませんが、この山は夏でも気温二十二度前後と涼しく、冬になると雪深く、気温は氷点下まで下がります。実際、わたしはこれまでに何度もこの山を訪れていますが、三月になっても三十センチ以上の雪が残る非常に厳しい山です。この山の入り口にある寺の前住職の奥様が言うには、この山はあまりにも厳しいので、来ても山に拒まれ追い返されてしまう人が多く、修行をなしえた人の話は祖父の他には聞いたことがないそうです。

岩次郎こと後の巨麿は、この厳しい山で千日間の修行を行い心身を鍛えました。『デハ話ソウ』によれば巨麿は、この千日の修行の間に神々と交流し、武術だけでなく神代文字の読み方や神代の歴史、さらにはさまざまな呪法を伝授されたと言います。つまり、この千日修行は、仇討ちのための単なる武者修行ではなく、皇祖皇太神宮を再興する神主になるために必要な修行でもあったのです。

巨麿が千日の修行を終え山を下りたのは明治三十（一八九七）年六月二十七日。折しも日本は、明治二十八（一八九五）年の日清戦争勝利に沸き、世界の一等国を目指して国威発揚、発展の最中でした。もはや「親の仇討ち」などという前時代的行為に協力してくれる人は少なかったのでしょう。山を下り、仇を求めて全国行脚を始めたものの、その行方はようとして知れませんでした。

巨麿はムダに歩き回るのを止め、東京に居を落ち着け、大悲山で授かった神術に磨きをかけることにします。また、巨麿はこの間に当時信者を集めていたさまざまな神道系の教団を訪れたりもしています。

そうした中で一時巨麿の興味をひいたのが、「御嶽教《おんたけきょう》」でした。

御嶽教というのは、一八七三（明治六）年に下山応助が奈良で起こした教団で、国常立尊《くにとこたちのみこと》、大己貴命《おおなむちのみこと》、少彦名命《すくなひこなのみこと》という三柱の神を主祭神とする教派神道です。

巨麿は、しばらくの間そこに籍を置きますが、そこの教えも結局は自分のお山での体験と一致しなかったため、腰を据えることなく去っていきます。

こうして修行を続けているうちに、仇が常陸国（現在の茨城県）にいるらしいことを知ります。巨麿はすぐに常陸国へ向かいますが、すぐには仇の所在が摑めません。やっとその行方が知れたのは明治三十九（一九〇六）年の夏のことでした。しかし、皮肉なことに仇は、巨麿がその所在を知った前の年にすでに亡くなっていました。

仇討ちを志して十四年、やっと見つけた母の仇がすでにこの世の人ではなく、仇を討つことができないと知った巨麿の口惜しさはどれほど大きかったことでしょう。

そんな悲嘆に暮れる巨麿の新たな生き甲斐となったのが、仇を求めて暮らした多賀郡（現在の北茨城市）の人々でした。それまでにも彼は、地元の人々の求めに応じて雨乞いの祈禱などいくつかの神術を行っていました。巨麿の神術に助けられ感謝していた人々は、仇討ちという目標がなくなった後も、この地に留まり自分たちの支えとなってほしいと嘆願しました。

こうして人々を助けることに自らの後半生を使うことを決心した巨麿は、現在、皇祖皇太神宮が建つ、北茨城の磯原天津山に神殿を建立し、大悲山で神から教えられた神代の歴史、そして自らの命を救ってくれた竹内家が守り続けてきた御神宝を祀り、「皇祖皇太神宮」を天津教として復興させたのでした。

皇祖皇太神宮の復興と昭和の弾圧

「世の中が平和になったら公開しなさい」

それが代々受け継いできた古文献を巨麿に託した竹内三郎右衛門の遺言でした。

北茨城の地で皇祖皇太神宮の復興を志した巨麿には、ようやく天皇親政が復活し、日清戦争にも勝利した今の日本こそ、古文献を公開し天皇の真の姿を世に知らしめす好機だと感じられたに違いありません。

このような日が来ることも、また神の計らいだったのだと思います。なぜなら、巨麿は大悲山で神霊から神代文字の解読法を教わっていたからです。

神霊は、漆黒の山の夜空を黒板代わりに使い、さまざまな種類の神代文字をその闇の黒板に書いては読み方を教えたと言います。巨麿はこのとき得た解読法を頼りに古文献を読みました。するとと驚いたことに、そこに書かれていたのは、まさに自分が大悲山で出会った神霊が語った太古の叡智そのものだったのです。その深遠なる内容に身を震わせた巨麿は、他の秘蔵されていた御神宝類とともに神代の文献をご神体として祀りました。

「世の中が平和になったら公開しなさい」

日清戦争に勝利して以降、急ピッチで発展を遂げている日本に、巨麿は「今こそその時ではないか」という思いを強くしていました。それでも巨麿は人々の反応を見ながら、少しずつ慎重に御神宝を公開していきました。

そして、昭和三（一九二八）年三月二十九日午後一時、ついに神代文字で書かれた古文献が収められていた「神籬立瓶《ひもろぎたてかめ》」の開封を決意します。

このとき立ち会った人は八名、皇祖皇太神宮に記録されているその立会人の記録を見ると、当時この秘文献の開封がいかに大きなインパクトをもって、文化人たちの注目を集めていたかがよくわかります。

《立会人》

1　有馬良橘（海軍大将）
2　一条実孝（公爵）
3　筑紫熊七（海軍中将）
4　堀内三郎（海軍中将）
5　横山正恭（海軍少将）
6　伊藤武雄（宮内省）
7　前田常蔵（中愛会会長）
8　高畠康次郎（大日本健康会会長）

北茨城市磯原の皇祖皇太神宮天津教というところに、太古の神々が治めていた時代から伝わる歴史書とその実在を証す御神宝類を祀る神社があるらしい。そんな噂はあっという間に広がり、多くの人が皇祖皇太神宮に集まるようになりました。

特に神籬立瓶の開封以降、後に日本のピラミッド研究で名を馳せる酒井勝軍《さかいかつとき》氏や、もと海軍技術将校でのちに神政龍神会を起こす矢野祐太郎氏、解脱会を創始した岡野金剛氏など、当時を代表する名だたる思想家が皇祖皇太神宮に押し寄せるようになります。また、神道を研究している人々だけでなく、公爵や軍部の将校など国の上層部に位置する人々も数多く神宮を訪れました。巨麿は求める人には出し惜しみをせず、丁寧に説明しながら御神宝類の拝観を許し、神代の歴史を伝えました。

神宮に学んだ人々も、これ以降、酒井勝軍氏の『太古日本のピラミッド』『神代秘史』を筆頭に、それぞれ自らの研究成果を発表していきました。

しかし、こうした活発な活動は、かえって国家神道を推し進めようとする人々の不興を買うことになりました。

そして、昭和十一（一九三六）年二月十三日、竹内巨麿は不敬罪、文書偽造、詐欺の容疑で逮捕されてしまいます。皇祖皇太神宮がご神体とする古文献は偽造文書であり、御神宝類は偽造品である。しかもその内容は国家神道の中枢である伊勢の皇大神宮（伊勢神宮）の権威を冒《ぼう》瀆《とく》するものだから不敬罪に当たる、というのが逮捕の理由でした。

逮捕・送検された巨麿は警察でひどい拷問を受けています。当時は取り調べとは名ばかりで、日常的に密室で過酷な拷問が行われていた時代でした。

同じ頃、皇祖皇太神宮や、やはり国家によって弾圧されていた大本教《おおもときょう》と親交のあった元軍人・矢野祐太郎氏も検挙され、警察の激しい拷問が原因と思われる獄死をしています。

後に祖父は法廷で、このときの過酷な「取り調べ」の様子を次のように述べています。

「毎晩毎夜寝かせられず、寒いのに夜の三時ごろまで調べを受け、なぐられたり蹴られたり、頭髪をつかんでひきずり回されたり」

当時の巨磨はすでに還暦を過ぎた老人です。いくら拷問が日常的にまかり通っていた時代だといっても、このような老人を拷問にかけることは異例でした。それでも、若いときから修行を重ねた強靱な体は二か月間にも及ぶ長期の拷問に耐え抜きました。

さらに、これは法廷では述べていませんが、祖父・巨磨はこの激しい拷問をほぼ絶食に近い状態で耐えていたと後に告白しています。

食事が出なかったわけでありません。これはわたしが祖父がら直接聞いたことですが、当時出された食事に毒が盛られていたというのです。神霊に守られていた祖父は、神霊からそのことを教えられ、毒が入っているものを口にせずに済んだので、命を守ることができたといいます。当時は獄中死する人がたくさんいましたが、その中には毒によって命を失った人も多かったと祖父は言っていました。

昭和十一年四月、巨磨は水戸検事局に送検されます。

このとき、巨磨の弁護人となったのは、明治大学前総長・鵜沢聰明法学博士、日本弁護士会理事長であり日本神代文化研究所理事でもあった田多井四郎治氏、そして宮本正美弁護士の三人。いずれも当時一流の人々が巨麿を弁護しています。このことからも、当時の皇祖皇太神宮の正統性が多くの名士に支持されていたことがわかります。

しかし残念なことに、昭和十七（一九四二）年三月の最初の判決では、水戸地方裁判所で有罪、懲役一年の実刑が言い渡されました。

もちろん神宮はこの判決を不当なものとして控訴、裁判はこの後東京控訴院へ持ち込まれます。しかし結果はまたしても有罪。今度は懲役一年の判決に三年の執行猶予がつきましたが、有罪であることには変わりありませんでした。昭和十八年一月のことです。

もちろんここでも神宮は控訴し、徹底的に争う態度を変えませんでした。そして裁判はついに現在の最高裁判所に相当する「大審院」へと持ち込まれます。控訴できるのはここが最後のチャンスです。検察も神宮も手を尽くして戦いました。

巨麿は大審院に上告するに当たり、『上告趣意書』を提出し、神代の古文献の正統性を訴えました。すると、検察もまた、一連の弾圧が始まって以来、皇祖皇太神宮の批判を行っていた人の論文を集め、神宮の正統性を否定する資料として提出しました。

中でも最も検察が頼りとしたのが、昭和十一年六月に岩波書店の雑誌『思想』に狩野亨吉《かのうこうきち》氏が発表した「天津教古文書の批判」という論文でした。

狩野亨吉とは、京都帝国大学文科大学の初代学長を務めた人で、当時は学識者として通っていた人です。彼はこの論文で、『長慶太神宮御由来』『長慶天皇御真筆』『後醍醐天皇御真筆』『大日本天皇同太古上々代御皇統譜神代文字之巻　大臣紀氏竹内平群真鳥宿禰書字真筆』『大日本国太古代上々代神代文字之巻』という文献の写真を鑑定した結果だとして、神宮の古文献を偽書だと断じました。

検察が彼の論説を頼りとしていたことは、狩野亨吉氏が昭和十七年の公判に検察側の証人として出廷、証言したことからわかります。

でも、彼は鑑定したと言っていましたが、本物の文書を見てはいませんでした。彼が実際に皇祖皇太神宮に足を運んだことはないからです。では、彼はどこからこれらの文書を手に入れ鑑定したと主張したのでしょう。

興味深いのは、昭和三年に天津教の信者二人から御神宝の写真の鑑定を依頼されたことがあり、このとき彼は断っているということです。それが一転、なぜか昭和十年に『日本医事新報』から鑑定を依頼されたときには、提供された写真の七枚中五枚を鑑定し、「偽造」と回答しているのです。彼が岩波の『思想』に皇祖皇太神宮に対する批判文書を掲載したのはこの翌年のことです。

弾圧の始まりとされる事件、つまり最初に警察が「詐欺」容疑で巨磨を事情調査したのは昭和五年のことです。このときは不起訴になっていますが、これ以降、神宮への監視・警戒、取り調べが頻発し、昭和十一年二月の逮捕に発展していきます。

こうした時間経過を見ていくと、ある事実に気づかされます。それは、狩野亨吉氏が皇祖皇太神宮の批判を始めるのは、弾圧が始まってからだということです。彼は学者なので、多くの一般人はこの批判が雑誌に掲載され、神宮の正統性が疑われるようになったので、警察が逮捕し取り調べたと思っているのですが、事実はそうではありません。

警察が先に取り調べ、逮捕しようとしたけれどできないでいたとき、それまで御神宝の鑑定など断っていた狩野氏が、にわかに「鑑定した結果、ニセモノだと判明した」と言い始め、警察・検察がそれを利用したという流れなのです。

わたしはここに弾圧者の作為を感じずにはいられません。

なぜわたしがそう思うのかというと、狩野氏は裁判所に呼び出され事情聴取を受けた際に、「本物を見たことがあるのか」と尋ねられ、それに対して「見たことがない」とはっきり答えているからです。狩野亨吉氏は京都大学の学長まで務めた学者です。もし、本当に自らの意思で真贋を確かめようと思ったのであれば、きちんと現物を自らの目で見て確かめたはずです。実物を見もしないで、出所すら曖昧《あいまい》な数枚の写真だけをよりどころに、真贋を論じるという学者にあるまじき行為をしたのには、やはり何か訳があったのではないかと思います。

狩野氏は、警察・検察に利用されたのではないでしょうか。

ちなみに彼は、検察側の証人に立った昭和十七年の十二月に、頓死を遂げています。裁判の結果が出る前のことです。

祖父・巨麿はこの死を「神罰」が下ったと言っていました。

こうした激しい真贋論争の末、大審院で最終的な判決が下されたのは昭和十九（一九四四）年十二月。結果は、逆転「無罪」でした。


「証拠不充分。この事件は裁判所の権限を越えたものである」


これが大審院が下した結論です。

つまり、神様のことは人間の浅知恵では裁くことはできない、ということです。この判決によって、竹内巨麿および皇祖皇太神宮の正統性は認められました。

●失われた原典と御神宝

裁判には勝ったものの、この裁判のために皇祖皇太神宮は多くのものを失いました。

過酷な弾圧は神宮の建物を破壊し、信者を離散させました。何しろ当時の特高（特別高等警察）は、判決がまだ出ていないにもかかわらず、神宮の敷地内に立ち入る人々を片っ端から逮捕し、拷問にかけるという非道なことをしました。特高の拷問を恐怖した信者は、次々と神宮から離れていきました。最盛期には磯原に臨時列車が止まるようになったほど賑わっていた皇祖皇太神宮は、こうして人の訪れない寂しい宮へと変貌を遂げたのです。

しかし、痛恨の極みと言えるのは信者を失ったことではありません。神宮にとって最も辛かったのは、神代から伝わる古文献の原典を筆頭とする多くの御神宝を失ったことでした。祖父・巨麿にとっては、歴代の皇祖皇太神宮の管長が命がけで守ってきた御神宝類を、自分が管長を務めているときに失ってしまったことは、筆舌に尽くしがたい苦しみだったと思います。普段はとても穏やかで優しい口調で話をする祖父が、この裁判の話になると、決まって声を荒らげ、「狩野の野郎、なにも知らないくせにあんなことを言いやがって、あいつさえあんない加減なことを言わなければ！」と言っていたのをわたしはよく憶えています。

裁判のために神宮が提出、または押収された古文献および御神宝類は三百点以上にも上りました。それらは裁判資料として大審院に運ばれましたが、判決が出た後も長く留め置かれ、なぜか一向に神宮に返還してもらえませんでした。

なぜ返還されなかったのでしょうか。

昭和十九年と言えば、太平洋戦争の戦局がかなり厳しくなっていた時期です。そのため、多くの人員が戦争にとられ、本当なら速やかに行われるはずの返還措置が行われなかったというのが当局の建前ですが、本当の理由はわかっていません。貴重な史料だったからこそ、国が返還を拒んだという見方をする人もいれば、研究・調査するためにわざと返さなかったという見方をする人もいます。

わたしとしては、希望も込めて、後者であってほしいと思っています。

●殿下のご来訪

実はわたしが希望を持っているのは、戦後になってから、皇室関係者が皇祖皇太神宮に話を聞きたいと、参拝にお見えになっているという事実があるからです。

その関係者とは、昭和天皇の義兄である久邇《くに》朝融《あさあきら》氏です。

最初のアプローチは昭和二十六（一九五一）年、ご本人ではなく、このときは使者が神宮を参拝、当時管長を務めていた祖父・巨麿から話を聞いて帰りました。ご本人がお越しになられたのは、三年後の昭和二十九年。当時はすでに皇籍を離れておられましたので、その立場は「元皇族」でしたが、祖父はやはり久邇氏とお呼びすることはできず、「久邇宮殿下」とお呼びしたそうです。わたしもここでは、祖父に倣《なら》い久邇宮殿下とさせて戴きます。

久邇宮殿下は、祖父の話を熱心にお聞きになったそうですが、残念ながら、どんなことをお聞きになられたのか、記録は残っていません。

この来訪がわたしにとって古文献が今も保存されている希望に繋がっているのは、使者の来訪から殿下のご訪問まで三年間という開きがあるという事実です。なぜ三年間という歳月がここに生まれたのか。

これはあくまでもわたしの希望的推測ですが、警察に押収された古文献が、あるいは古文献の一部が、皇室に渡り、久邇宮殿下がご興味を持たれ、使者を派遣。そしてある種の確信を持たれた殿下が、今度はご自分で古文献を勉強されてから神宮をご訪問されたのではないでしょうか。

しかしその後、残念ながら宮内庁からのストップがかかったのか、殿下の神宮参拝は途絶えてしまいました。そこにどのような事情があったのか……、今となってはわかりませんが、残念なことだと思っています。

わたしの希望はあくまでも希望に過ぎません。

公式には、没収された古文献の原典と多くの御神宝類は、裁判所から返還されないまま、昭和二十年三月十日、東京大空襲によって焼失してしまうという最悪の結果となってしまったのです。

『神代の万国史』編纂の思い

『神代の万国史』の内容が、残念ながら皇祖皇太神宮に伝わった神代の歴史のすべてを網羅していないのはこうした事情があったからなのです。

『神代の万国史』の元となったのは、裁判所に提出されなかった記録や御神宝類、そしてこうなることを予見していたのかもしれない祖父・巨麿が丹念に書き写しておいたものでした。

巨麿が残したものの他にも、『神代の万国史』の編纂に際しては、それまで神宮に学んだ人々が自らのために書き写した記録も提供されました。巨麿は竹内文書を公開したとき、もちろん人物は選びましたが、真面目に学びたいと思って神宮に足を運び礼を尽くした方には出し惜しみすることなく文献や御神宝類を公開しました。そうした無私の心が結果的には神代の文献を世に残す助けとなったのです。

『神代の万国史』が最初に出版されたのは昭和四十五（一九七〇年）年十月。すでに巨麿は他界しておりました。御神宝を公開したことが、御神宝を失うことに繋がったと巨麿は後悔していたのかもしれません。巨麿の存命中は、再び一般に神代の文献を公開することにためらいを示していたようです。そのため、『神代の万国史』の編纂は、巨麿の死後、わたしの父である第六十七代管長・竹内義宮の手によって行われました。

父・義宮が編纂・公開に踏み切るに至った思いは、『神代の万国史』の「あとがき」に簡潔に記されています。

残された文献資料を『神代の万国史』にまとめた父・竹内義宮

今日のように科学が進歩し、単に地形ばかりでなく人間の考えかたまでも変えようと意気込んでいるときに、誰しもが渇望する「世界平和」という全人類のねがいが、どうして軌道に乗らないのでしょうか?
それは——
いちばん大事なことが、まちがっている、くるっている。その尤たるものが、歴史すなわち正史なのです。
世界の真の歴史があやまってつたえられ、その矛盾によってくるいが生じ、そこから枝葉が繁茂して今日にいたったから——とおもうのです。

ここにおいて、私は、ながい間こころにとどめていたことを実行に移しました。

わが竹内家につたわった、否、皇祖皇太神宮に秘蔵されてきた古文献を、ひろく世に問うて、正しい歴史の確立に寄与する、というねがいの実践です。

（『神代の万国史』四〇三ページ）


わたしは今、このときの父の心が痛いほどよくわかります。

父は戦後復興を遂げた日本が、「発展」とは名ばかりの実のない繁栄へ向かっていることを憂い、さらにあれだけの悲惨な世界大戦を経てもなお一向になくならない人類間の争いを憂い、じっとしていられなかったのだと思います。

皇祖皇太神宮は、本来、全人類のための宮です。

人を救うために本当に必要なのは、すでに起きてしまった過去の罪を断罪することではありません。今生きている人々の心を救い、正し、未来をより良いものにしていくことが何よりも大切なのです。ですから父は、この「あとがき」においても、神宮が大切に守ってきた御神宝類を失うに至った悲劇について誰も責めることなく淡々と事実だけを簡潔に記しています。

ただ残念なことには、故あって戦災にあい、動物の皮や木皮等に古代文字で書かれた多くのものが失われたことです。
しかし、不幸中の幸は、先代管長の父巨麿が、丹念に写しとっておいてあったことです。

（『神代の万国史』四〇三ページ）

さらに、父・義宮は昭和四十年に亡くなった巨麿の最期の言葉を載せています。

天皇さま、皇后さま有難う。
皇祖皇太神宮、再興々々

（『神代の万国史』四〇四ページ）

あれだけの目に遭いながら、最後に感謝の言葉を口にしてこの世を去ることができた祖父を父・義宮は人としても、師としても心から尊敬したのだと思います。だからこそ、自分もまた、自分ができること、いえ、自分にしかできないことを行うことを決意したのだと思います。

第二章

真実を物語る「御神宝」の今

『竹内文書』の正しさを裏付ける二万年前の人骨

『竹内文書』に綴られた日本の歴史は、学校で教えられている日本の歴史とは大きく内容が異なります。その最大の違いは、アカデミズムが認める日本最古の文献資料『古事記』『日本書紀』では、日本の天皇家の初代を神武天皇としているのに対し、『竹内文書』では、神武天皇以前に長い歴史が存在していると書いていることです。

ここで、多くの方に気づいてほしいのは、教科書に書かれていることが必ずしも事実だとは限らない、ということです。事実、教科書の記述が改められることはよくあります。

「はじめに」でも触れましたが、わたしが学生時代に使っていた教科書には、聖徳太子、源頼朝、足利尊氏、武田信玄、西郷隆盛など歴史上の人物の肖像画が数多く掲載されていましたが、今はその多くがその人物のものではないことが明らかになってきています。

教科書に書いてあるのだから正しい、と思ったら大間違いです。

歴史は、研究や新たな発見によって常に書き換えられているのです。

そうはいっても、『竹内文書』に書かれていることは奇想天外すぎる、と思う方もいらっしゃることでしょう。

では、そう思っている方に一つの事実をお伝えしましょう。

それは、二〇一一年に、沖縄県・石垣島の白保竿根田原《しらほさおねたばる》洞穴遺跡で、約二万四〇〇〇年前の人骨が発見されたというものです。これによって、日本最古の人骨の年代は、一気に四〇〇〇年も遡ることになったのです。

これまでは、当然のことのようにそんな古い時期の日本にはまだ人が住んでいなかったとされていました。だからこそ、『竹内文書』の何万年前という記録も信憑性のないものとされていました。しかし、この人骨の発見によって、『竹内文書』の記述の一端が考古学的に証明されたといえるのです。

本州においては、この時期の人骨はいまだ発見されていませんが、同時期に本州にも多くの人間が住んでいたことは、遺跡の発見などから研究者の間では確実視されています。なぜなら、研究の結果、石垣島に人骨が残っていたのは、この土地の土壌が石灰分を多く含んでいたため、酸性度の強い本州の土壌より骨の酸化スピードが遅かったからだということがわかってきたからです。

恐らくこういうことは、これから先、研究が進んだり、新たな調査方法が開発されることでさらに増えていくと考えられます。

『竹内文書』には、学校で教えられた歴史しか知らない人にとっては、驚くべき記述がたくさんあります。中でも多くの人が驚かれるのが、人類が誕生してから今に至るまでの間には、何度も絶滅に近い滅亡と再生を繰り返してきた、という記述です。

地球万国全部土《どろ》の海となる

何度も繰り返し登場するこうした記述が、そのことを示しています。

つまり、今わたしたちが享受している文明が、地球人類にとっての唯一の文明ではないということです。

現文明以前に、地球上に高度な文明社会があったことを『竹内文書』は伝えています。

現代の歴史学および考古学は、こうした記述を認めていません。でもそれは、単に今の学問レベルでは現代文明以前の文明の有無を立証することができないというだけのことです。存在したことを証明できないということは、存在していなかったということの証明にはなりません。

たとえば、わたしたちはたとえ目に見えなくても「放射能」が存在していることを知っています。知っているからこそ、その汚染を恐れます。でも、キュリー夫人がその存在を証明するまで、人類は誰も放射能の存在を知りませんでした。もし、当時の人たちにウランやラジウムは放射能があるので危険だと言っても、それをきちんと計測し、存在を証明することができなければ誰も聞く耳を持たなかったでしょう。

証明できないことと、存在するしないということは、まったく別の問題なのです。

二十一世紀になってやっと、わたしたちは日本に二万四〇〇〇年以上前から人が住んでいたことを知りました。これから先、わたしたちの文明がさらに発展すれば、わたしたちの文明以前に、今と同じような、あるいは今よりもずっと高度な文明が地球上に存在していたことが立証されるかもしれないのです。

わたしたちは自分がまだ知らないことに対して、もっと謙虚になるべきではないでしょうか。

資源は太古の文明がリセットされた証

『竹内文書』には宇宙開闢の様子が記されています。

> 天神第一代
> 天地未分ス、鶏子乃玉子如奈リ、天地ヲ産祖神《うみのおやかみ》ナリ、天地未土乃海乃如ク奈リ、天地乃大根元身体乃大神
>
> （『神代の万国史』一ページより）

天地がまだ分かれておらず渾然一体となった状態を、ここでは「鶏の卵のような」と表現しています。この時代を治めていた神は「元無極躰主王大御神《もとふみくらいぬしのおおみかみ》」、またの名を「天地身一大神《あめつちまひとつのおおかみ》」と申し上げます。このお名前を見ると、宇宙というものを神が治めていたと言うより、宇宙そのものが「神の躰」であった、つまり「宇宙＝神」の状態だったと言ったほうが真実に近いと思います。

現代の科学では、宇宙は一三七億年前に、ビッグバンによって誕生したとする「ビッグバン理論」が広く受け入れられています。それに当てはめると、この天神一代というのは、ビッグバン以前の宇宙の状態を記したものと言えます。

ビッグバン理論では、ビッグバン以前の宇宙は、すべてが凝縮された超高温・超高密度の状態だったとされています。この文章の「天地未土乃海乃如（土《どろ》の海のごとし）」という状態はそのことを示しているのでしょう。

この「土乃海」という表現は、『竹内文書』の天変地異についての記述にもたびたび用いられている表現です。わたしは、二〇一一年三月十一日の東日本大震災で迫り来る真っ黒い津波を目の当たりにしたとき、この「万国土の海と化す」という表現を思い出しました。その後、『竹内文書』の記録を再確認したわたしは、この「土の海」という状態には今回の地震に伴う津波のように部分的なものもあれば、地球規模のものもあったということがわかってきました。そして、いずれにしても、こうした状態にすることで、神はその場所を、一度太古の状態にリセットし、文明の再スタートを試みていることもわかりました。

これまで地球ではこうした文明の「リセット」が何度も行われてきました。

このように申し上げると、信じられないとおっしゃる方が多いのですが、実は現文明は、この過去のリセットの産物を活用することで発展してきたと言っても過言ではないのです。それは、「石炭」や「石油」といった資源の存在が証明してくれています。

石炭は太古の植物、石油は太古の動物が、長期間にわたって厚い土砂の堆積層に埋没し高温・高圧下に置かれたことによってできたものです。

つまり、わたしたちの文明を支えているエネルギー資源は、過去に地球上に生きていた動植物が、神のリセットによって「土の海」に沈んだことによって生まれたものなのです。

石油にしても石炭にしても、天然ガスにしてもメタンハイドレートにしても、そうした資源はみな、ある地域に固まって、しかも層を成して存在しています。ということは、地球上の生命体が同じような地域に文明を築いてはリセットされるということを、何度も繰り返してきたことを物語っているのです。

宇宙開闢以来、わたしたちは何度、発展とリセットを繰り返してきたのかわかりません。

でも、その間の歴史が『竹内文書』（現在では『神代の万国史』）という形で綿々と受け継がれてきたことは事実です。『竹内文書』を読むと、高度な文明を築きながら、人心の乱れが原因でリセットされてしまうということが何度も起きていることがわかります。

わたしたちの築いた現代文明も例外ではありません。

絶えることのない戦争。神から離れ、道徳を失っていっている人々の心。ふくれあがった物欲、金銭欲、そしてそれらが生み出した貧富の差。

かつて世界を治めていた世界天皇のお膝元である「日本」に、近年大きな災害が頻発しているのは決して偶然ではありません。わたしは、部分的なリセットは、神々による警告だと受け取っています。

まず日本人がそのことに気づき、世界の範として「人間のあるべき姿」を見せるよう、迫られているのです。今、この問題を真摯に受け止め、わたしたちが率先して変わっていかなければ、地球は再びその全域が「土の海」となり、再スタートを切ることになるでしょう。

失われた「大陸」が描かれた太古の世界地図

『竹内文書』には、天変地異の記録とともに、「万国図」（Ｐ91参照）と名付けられた太古の世界地図がいくつも残されています。その中には、「ミヨイ」「タミアラ」という現在の地球上にはない大陸が描かれたものもあります。

地球誕生以来、対流するマントルの動きに伴い大陸が動き続けていることは、プレートテクトニクスという理論によって現代科学でも立証されています。

大陸が大きく動いた証拠はいろいろありますが、その一つが電池に使われる「リチウム」という物質の産出場所です。リチウムは、塩分濃度の非常に高い湖「塩湖」と呼ばれる場所に存在しています。世界最大量のリチウムを埋蔵していると言われているボリビアのウユニ塩湖があるのは標高三七〇〇メートル、同じく大量のリチウムを埋蔵しているチリのアタカマ塩湖は標高二三〇〇メートルと、いずれも高地に位置しています。

塩湖はかつてその場所が海だったことを示すものです。つまり、かつて海だった場所が今では高い山の上になってしまっているということです。海が山の上になっているということは、同様に陸地や高山が海の底に沈んだであろうことも充分に考えられます。

こうしたことを考えると、『竹内文書』に残る太古の世界地図の信憑性も高まるのではないでしょうか。
『竹内文書』によると、現存しない二つの大陸、ミヨイ・タミアラは上古一代から不合十代まで存在していたことがわかります。
不合朝第十代・千足媛天皇《ちたるひめすめらみこと》の即位四百二年に天変地異があり、ミヨイ・タミアラが海中に没したことが記録されています。

千足姫天皇即位四百二年ウベコ月より、地球万国大変動起り、土の海となり、大木、小木に餅が出来る。図の国なくなりて、海の底に落む。（嗚呼オトロシヒエ地変ぞ）、この時、インド洋中より大陸陥す。

（『神代の万国史』二四三ページより）

不合朝第十代の「千足姫天皇御作万国図」（P93参照）を見ると、それまでの時代の万国図では実線で描かれていたミヨイ・タミアラ両大陸のあった場所が点線書きになり、はっきりと「海底落沈ム」と記されています。また、この地図を見ると、ミヨイ・タミアラ両大陸の他にも海に沈んだ地域があったことがわかります。

万国図（造化気万男身光天皇御作）

（図は『神代の万国史』より）

ところが、その後の不合朝第三十七代・松照彦天皇《まってるひこすめらみこと》の御代の記録では、再び「ミヨイ」と「タミアラ」についての記述が見られます。

ミヨイ媛命　　ミヨイ国王に任ず
タミアラ大彦命　タミアラ国王に任ず

（『神代の万国史』二七七ページより）

不合朝第十一代からこの不合朝第三十七代までの間に、ミヨイ・タミアラ両大陸についての記録は現存していません。失われた資料の中に存在した可能性はありますが、『神代の万国史』にはありません。

しかし、ここで新たに国王を任命したということは、それまで大陸が海中に没していたため国王が存在していなかったけれど、この時期に再び隆起し人が住める大陸となったので、新たに国王を任命し、国としての統治が再開されたとも考えられます。

この再び地上に現れたミヨイ・タミアラが再度海中に没したのは、はっきりとは書かれていませんが、おそらく不合朝第六十九代・神足別豊耡《かんたるわけとよすき》天皇の御代のことと考えられます。

万国図（不合第十代千足姫天皇御作）

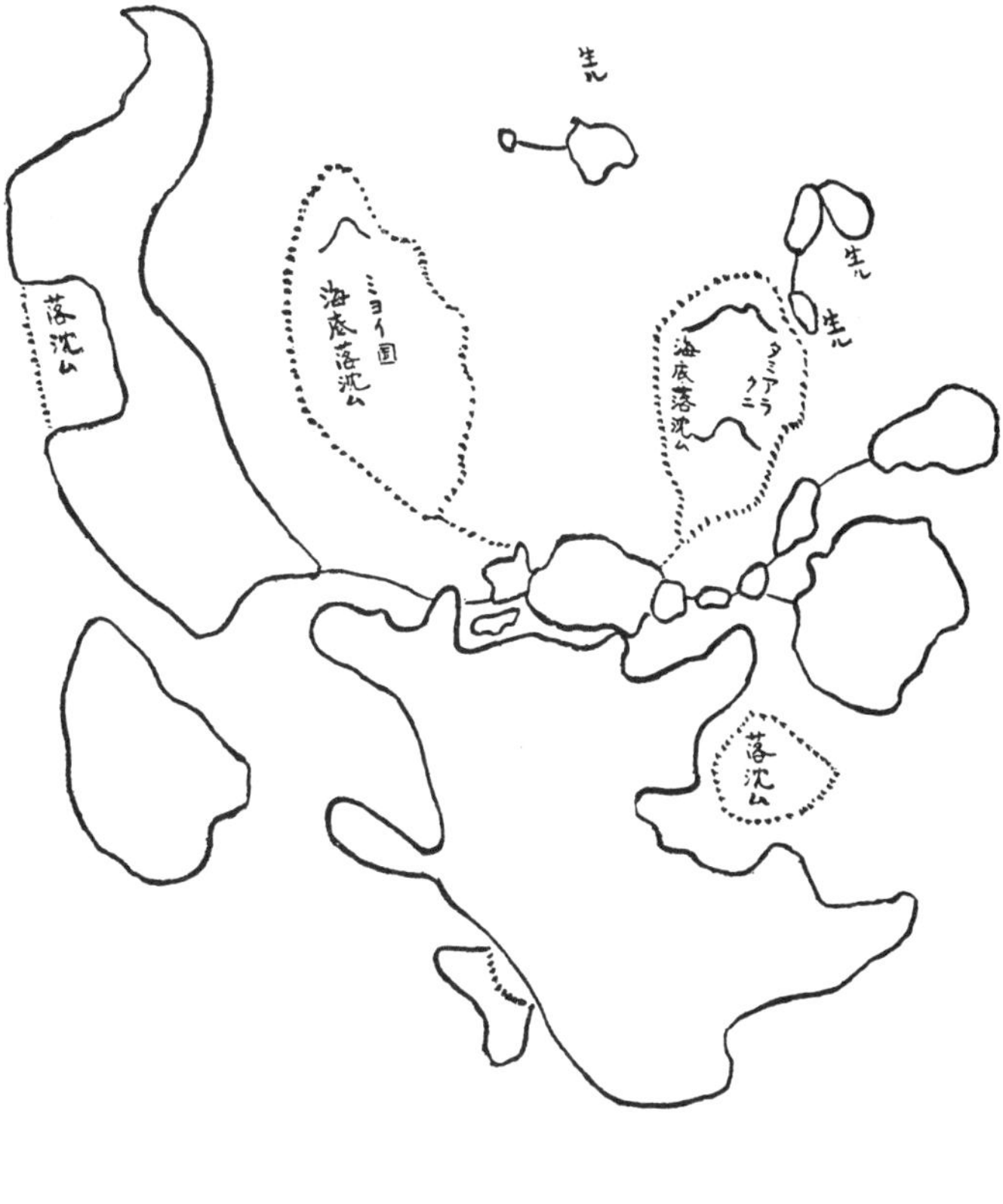

（図は『神代の万国史』より）

天越根中国皇祖皇太神宮別祖太神宮前殿即かせ給ひ、天皇即位三十三年サナヘ月、天地万国大変動五色人多く死す。天皇の御代には、相次で二回の大変動ありて、最後の時、紅海及びアラビア砂漠出現す。

（『神代の万国史』三一三ページより）

つまり、ミヨイ・タミアラという二つの大陸は、不合朝第十代に一度海底に沈み、第三十七代に再び地上に姿を現したものの、第六十九代の天変地異で再び海に沈んだということです。ミヨイ・タミアラ大陸は、太古の万国図によると太平洋にあったことがわかります。

太平洋に存在した失われた大陸と言って思い出されるのは、アメリカの作家、ジェームズ・チャーチワードが『失われたムー大陸』（一九六八年）という著書でその存在を紹介した、伝説の大陸「ムー大陸」でしょう。実際、『竹内文書』を研究している人の中には、ムー大陸の伝説は天変地異を生き残った人々がミヨイ・タミアラの記憶を伝えたものだと考える人もいます。

失われた大陸というと、もう一つ、古代ギリシャの哲学者プラトンが『ティマイオス』および『クリティアス』という著書の中で言及している、大西洋に存在したとされるアトランティス大陸が思い出されます。

アトランティスの位置は、『竹内文書』の万国図とは一致しませんが、高度な文明が栄えていたことや、オリハルコンという幻の合金が存在していたということなど、『竹内文書』の太古の記述と重なる部分もあります。特に幻の合金「オリハルコン」は、皇祖皇太神宮に伝わる神聖な金属「ヒヒイロカネ」を彷彿《ほうふつ》させます。

日本ではオリハルコンの名で知られるアトランティスの失われた金属は、プラトンの『クリティアス』では、「オレイカルコス」という名前で登場しています。プラトンによれば、それは金や銀と並び称される「炎のように輝く」金属だったといいます。

『竹内文書』に残るヒヒイロカネについての最も古い記録は、上古第三代・天日豊本黄人皇主《あめひのむとひのひみいぬし》天皇身光神《すめらみことみひかるかみ》の御代にあります。

> 狭依信濃高城ククチ山にて天職知八意主命、三尋木を切りて、五尋八尋木を採《はっ》て大鼓造り、ヒヒイロカネにて鈴を造り、天日豊本黄人皇主神天皇即位百七十億万年、イヤヨツキに作り、トトロツツミ大鼓と云ふ。
>
> （『神代の万国史』四七ページより）

ここではヒヒイロカネは「鈴」の素材として使われたと書かれていますが、この後、剣や鏡などの御神宝類を作るのに使われたほか、上古第二十二代の記録では皇祖皇太神宮別祖太神宮の屋根を葺《ふ》くのにも用いられたと記録されています。

その後もヒヒイロカネは、天皇即位の際に作られる御神宝などに使われていたことが記録されていますが、神倭朝第二十二代・雄略《ゆうりゃく》天皇の御代の記録に、次のような神託があったことが真鳥によって記録されたと記されています。

『神倭十二代景行天皇即位十五年十月一日詔して、天皇自身天降り天下一宝のヒヒイロカネ（太古より伝え来れるヒヒイロカネは、この代を以て、その材料がなくなった）をとりて、日の神十六菊形紋二枚つくり、さびずくさらず、生々と何万年たつとも同じくある宝のヒヒイロカネ、あまがしたに又となき宝のヒヒイロガネ紋、神日本魂の剣、八咫二面鏡の神代文字神名付神宝、持ち得る人、天下万国主天皇ぞ、天津日嗣代々高御座へ祭る宝ぞ』

（『神代の万国史』三三二ページより）

この記録から、ヒヒイロカネの材料は、景行《けいこう》天皇の御代を最後に底を尽き、それ以後は作ることができなくなったことがわかります。そのため、ヒヒイロカネで作られた御神宝を持つことが天皇であることの証となったのだと考えられます。
事実、神倭朝初代・神武天皇の即位に際してもヒヒイロカネによって作られた御神宝が天皇の証として用いられています。

万国五色人王の棟梁天皇の御宝、ヒヒイロカネの三剣神宝、又の名、神日本魂三神宝剣、神骨像石の神体、天疎日向津比売天皇の三種の神器、神籬《ひもろぎ》立瓶《たびん》、神代上代の皇統象形仮名アヒル文字の宝の巻、ヒヒイロカネの十六菊形御紋宝等を奉捧して、正殿にて即位された。

（『神代の万国史』三二五ページより）

この記録にある「天疎日向津比売天皇の三種の神器」というのが、現在も皇室に伝わる三種の神器だと考えられます。
現在、天皇の即位に必要とされているのは三種の神器だけですが、本来は三種の神器だけでなく、ヒヒイロカネで作られた剣と十六菊花の御紋章、御神骨像と神籬立瓶、そしてアヒル文字（神代文字の一つ）で書かれた古文書「宝の巻」が必要とされていたということがこの記録からわかります。

ここで言う「アヒル文字で書かれた宝の巻」とは、後に平群真鳥に秘匿を託された太古の歴史書、つまり『竹内文書』のことだと考えられます。また、皇祖皇太神宮には太古の記録の他に、ヒヒイロカネで作られた剣や鏡、十六菊花紋、さらに太古の記録を保管していた神籬立瓶といった、まさにこの記述に書かれたとおりの御神宝類が今も残されています（写真参照）。

皇祖皇太神宮の神主は、命に代えてもこれらの御神宝を守り、時至ればその御神宝は皇室にお返しするようにと、代々申し渡されてきました。もちろん、それは神代から伝わる大切な御神宝であるからなのですが、この神武天皇の御代の記録を読んだときからわたしは、もしかしたら今、皇祖皇太神宮がお預かりしている御神宝は、日本の天皇が真の意味での「天皇（スメラミコト）」に戻られるときに欠くことのできないものだから、守り続けていかなければならないのかもしれない、と思うようになりました。

もしそうだとすれば、皇祖皇太神宮に伝わる御神宝類の真価がわかるのは、やはり「時至った」未来のことなのでしょう。

命がけで守ってきた御神宝の意義

皇祖皇太神宮にはさまざまな御神宝が存在しています。

物質としての「御神宝」が存在しているということは、とても重要なことだとわたしは考えています。

なぜなら、文書は写したり改ざんしたりすることも可能なので、そこに悪意を持った人が介在すれば、いわゆる「ニセモノ」を作り出すことも不可能ではないからです。

古文献というものは、その文章が書かれたもの、たとえば紙や皮などの劣化に応じて、どうしても途中で「書き写す」という作業が必要になります。これは『竹内文書』に限らずどんな古文献も同じ宿命を背負っています。現在、日本のアカデミズムが認める『古事記』や『日本書紀』も、現存するものはオリジナルではなく「写本」、つまり書き写されたものです。

ちなみに、現存する『古事記』の最古の写本は、十四世紀後半に書かれた「真福寺本《しんぷくじ》」と呼ばれる写本です。人が書き写したものには、その過程でどうしても間違いが起きるので、何度も書き写しが行われていくことによって、その間違いは増幅されます。そして、その間違いの累積によって「系統」が分かれていきます。『古事記』の場合は、主に「伊勢本系統」と「卜部《うらべ》本系統」に分かれるとされており、最古とされる真福寺本は伊勢本系統に属します。

『古事記』の成立は、八世紀初頭の西暦七一二年。『竹内文書』に比べたらつい最近成立したと言っても過言ではないほど新しい文献でありながら、何度も何度も書き写され、原本は失われている、ということです。

こうした事情を考えれば、『竹内文書』が写本であること自体は、その真贋《しんがん》を疑う理由にはなりません。そもそも、古文献の伝承については、最初は紙の代わりに獣の皮をなめしたものを用い、そこに墨の代わりに獣の脂を使って神代文字で記されたとされています。そうしたものはどれほど慎重に保管をしたとしても、永久にその状態を保てるものではありません。ですから太古から皇祖皇太神宮の神官たちは、定期的にそのとき最善と思われる物に最適と考えられる方法で、書き写し秘蔵してきたのです。

皇祖皇太神宮における写本事業は、神主によって神々の力をお借りしながら行われました。そういう意味では、『古事記』や『日本書紀』、さらには『源氏物語』といったいわゆる普通の文献の書写とは、同じ書写でもその作業に向き合う人の心構えが大きく違います。写す人の心映えは写本の精度に直結します。一字一字、決して間違えてはならないという命がけの思いで書き写された文書と、ただ自分の記録にするために書き写したものが同じはずがありません。

事実、わたしが知る範囲でも、祖父・巨麿が『竹内文書』を公開していた当時、多くの人が神宮に泊まり込んで文献の一部を書き写していきましたが、その精度は写した人がどれだけ真剣な思いで書写作業に臨まれたのかによって大きく異なっていきました。現在、微妙に内容の異なる『竹内文書』の写しが出回っているのは、このときの写し間違いが増幅された結果だと考えられます。

神日本魂剣（かみやまとたましいつるぎ）

カシコネ、オオトノチ、イザナキの各尊が作られた、ヒヒイロカネの剣。神代文字が刻まれている。

（写真は『神代の万国史』より）

そういう意味でも、『竹内文書』を学ばれる方は、神宮が神の助けをいただきながら再編纂した『神代の万国史』をご活用いただくことを切に望みます。

このようにその性質上、どうしても移ろいやすいものを秘めた「文書」に対し、「御神宝」は意図的に破壊されない限り、ほぼ永久に近い歳月、その姿を伝えることができます。

なぜ神宮が文献とともに御神宝を命がけで守ってきたのかというと、それ自体が貴重であることに加え、先ほど触れたように御神宝が天皇（スメラミコト）の即位に不可欠なものである可能性を秘めていることなど、いくつかの理由があるのですが、その一つに、写本にならざるを得ない『古文書』の正統性を保証するという意味もあるのではないかと思っています。

ヒヒイロカネで作られた剣や鏡、太古の天皇の遺骨から作られた御神骨像、神代文字が刻まれた神籬立瓶など、御神宝は二度と作ることのできないものばかりです。

そうした貴重な御神宝も、祖父の巨磨は皇祖皇太神宮にお参りにいらした方々に惜しげもなく拝観を許しました。それは、真実を一人でも多くの人に知ってほしいという気持ちからでした。

でも、残念なことに、そうした祖父の心は一部の人々には通じず、弾圧を受けた際に多くの御神宝が損なわれてしまいました。

このときのことを教訓に、現在は、皇祖皇太神宮の意義、御神宝の価値をご理解いただける

神籬立瓶（ひもろぎたてかめ）

天皇ご即位のとき神籬立瓶を作り、上代天皇の御神名などを神代文字で刻み用いられた。これは上古第二十四代・天仁杵身光天皇の御作。

御神骨像

天日豊本葦牙気皇美二神の御神骨像

（写真は『神代の万国史』より）

方に限り、年に一度、大祭のときにのみ拝観していただいております。

しかし、長く拝観を制限してきたため、最近では「本当に御神宝はあるのですか」とその存在に疑問を抱かれる方がいらっしゃることも事実です。

御神宝の写真は『神代の万国史』の口絵などにも掲載していますが、どれも戦前の古い写真ばかりなので、その存在を疑われるとともに、見せられないのは明治時代に巨麿が作ったニセモノ（作り物）だからだろう、と言う人もいます。

なかなか実物に接することができない今は、そうした疑問を持たれても仕方のないことだと思っています。

そこで、今回、この本を出版するに当たり、新たに御神宝の写真を撮影して紹介することにしました。口絵にあるカラー写真がそれです。

●「神気」を放つ御神宝

御神宝は確かに神宮に存在しています。

そして、それは人が簡単に作れるようなものではありません。

たとえば、上古第二代・造化気万男身光天皇の御代にヒヒイロカネで作られた菊花紋章があります。これは、この天皇が十五人の皇子と一人の皇女、計十六人のお子様たちを世界各地に派遣されたことを記念して作られたものです。

その直径は約二十三センチ、厚みは二センチほどと、それほど大きなものではありませんが、その重さは同じ大きさの鉄製品以上のものがあります。大の大人であるわたしですら、とても片手では持てません。御神宝なので、計りに載せて計量するようなことはしていませんので、あくまでもわたし個人の体感ですが、ヒヒイロカネは鉄よりもむしろ金に近い比重を持つ合金なのではないかと思います。

ちなみに、鉄は一立方センチメートルで七・八七グラム、金は同じ大きさで一九・三二グラムと、その比重は倍以上あります。

また、この菊花紋章は東京大空襲のときに大審院の保管庫が直撃被弾しているので黒く焦げてしまっていますが、鉄につきものの赤錆も、青銅につきものの緑青《りょくしょう》も出ていません。表面や裏面に彫られた神代文字もはっきりと読むことができます。

さらに、これこそが御神宝が「神器」であることの証《あかし》だと言えるのですが、この菊花御紋章はもちろん、すべての御神宝類からは、普通の器物からは絶対に感じることのできない「神気」を感じることができます。

神官であるわたしが「神気」などと言うと、それは神官だから感じられるのであって、一般の人にはわからないのではないか、と思われるかもしれませんが、これまで御神宝を拝観した方は全員、「神気をはっきりと感じることができた」と言っておられます。

中には、御神宝を納めているケースに何か細工がしてあるのではないかと疑った方もおられたほどです。

この神気は、御神宝に手をかざせば誰でも感じることができます。熱のような感じだったり、冷気のようなものだったり、風として感じる方も、振動として感じる方もいます。ただし、非常に興味深いのは、どのようなものとして感じる場合でも、御神宝の表側と裏側では、異なる「神気」が感じられるということです。

なぜ一つの御神宝からこのような異なる神気が感じられるのでしょう。

わたしは「陰」と「陽」それぞれの神気なのではないかと思っています。

御神宝が持つ神気は、一つ一つすべて違います。ですから一度でも御神宝に接することができれば、それが決して「ニセモノ、作り物」などではないことがおわかりいただけると信じています。

しかし、現状ではすべての方に御神宝を公開することができないのもまた事実です。

そこで本書では、現在皇祖皇太神宮にある御神宝を新たに撮影した写真をカラーで掲載しました。この写真でも、目を閉じ心を落ち着かせて手をかざしてみれば、「神気」を感じられる方もいらっしゃると思います。手をゆっくり左右に動かすなどして、感じてみてください。

菊花紋章

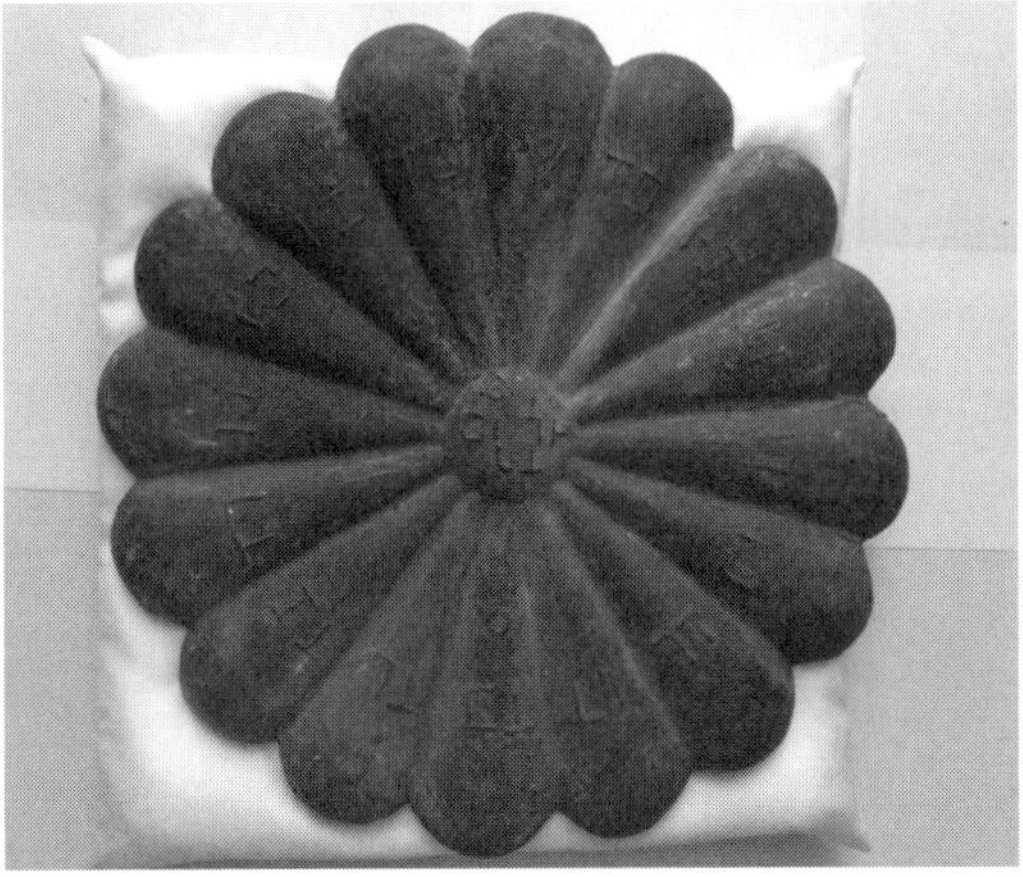

世界を菊花で表現した図

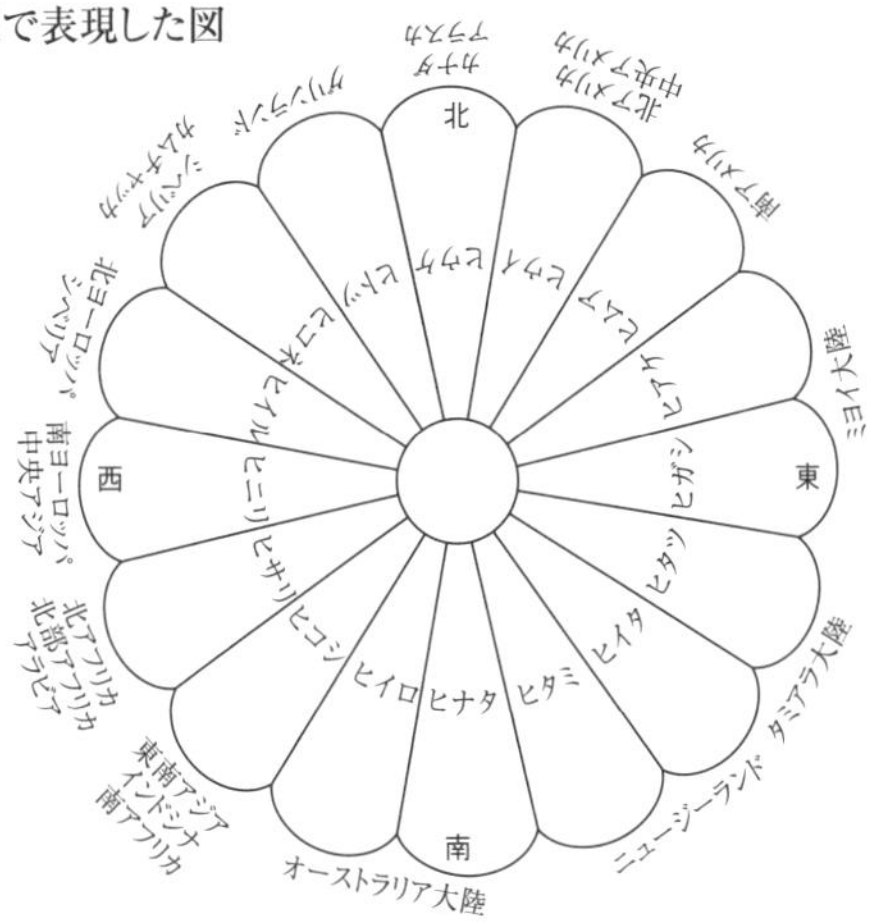

十六人の皇子・皇女を世界各地に配置したことを意味する。

現存する御神宝と失われた御神宝

繰り返しになりますが、昭和の大弾圧によって、多くの御神宝が被災し失われました。現在神宮に残っているものは、大審院保管庫の焼け跡から回収されたものと、裁判の際に証拠品としての提出を免れたものです。

わたしは昭和三十年の生まれなので、残念ながらすでに被災したあとの御神宝しか目にしていません。しかし、どんなに傷ついていても、欠けたり、割れてしまったりと、その姿が痛々しいほどに傷ついてしまっていても、御神宝から発せられる「神気」は清浄で神々しい気品を保っています。そして、その神気は、わたしが幼い日に初めて御神宝に接したときから、五十年以上経つ今もまったく変わることがありません。

御神宝が放つ「神気」はさまざまですが、そのどれもが心地よく、一度感じると多くの人が魅了され「いつまでも離れたくない」と言われます。これは人の魂の中に眠る美しい部分が、御神宝が放つ神気に共鳴するからだと思います。

ですから、神気を感じた人の多くが、それを表現するときに「自分の体の中から温かいものがわき上がってくる気がする」と言います。実際、わたしなどは、御神宝のそばにいると、真冬でも汗をビッショリかくほど体が熱くなります。

もしもこれが被災する前だったら、神気はまた違ったのでしょうか。残念ですが、今となっては確かめることはできません。

失われる前の御神宝に触れることはもうできませんが、どのようなものがあったのかは、多少知ることができます。これまで公開したことはありませんでしたが、実は記録が残っているのです。

皇祖皇太神宮が弾圧されたとき、竹内家のご先祖たちが命がけで守り続けてきた御神宝に危害が及ぶことを危惧した祖父は、主立った御神宝を靖国神社の境内に建つ宝物館「遊就館」に預けていました。実は、このとき預けた品目の目録が残っているのです。

国事殉難者を祭神とする靖国神社は、当時は国家の「聖域」でした。祖父はその聖域に預ければ、御神宝に少なくとも危害が及ぶことはないだろうと思ったのではないでしょうか。

しかし昭和十一年四月、祖父・巨麿が水戸検事局に送検されるとまもなく、裁判の資料とする、という理由で御神宝類は遊就館から特高（特別高等警察）へ引き渡されることになります。

目録の冒頭にはその引き渡しについての記録が、遊就館長・松田常太氏の筆で次のように書き込まれています。

本書ハ竹内巨麿ノ委託ニ依リ本職ヨリ
茨城県特別高等警察課長地方警視
神崎廣ニ引渡シタル物件ノ目録ナリ

昭和十一年五月五日

遊就館長　松田常太　印

立会人代表　秦真次　殿

この目録によれば、引き渡された御神宝類は全部で「三八一品」。

今回、初めてこの目録に書かれたリストを公開することにしました。本章末（P143〜）に収録しましたのでご覧ください。

皇祖皇太神宮に現存する御神宝類は、被災しながらもかろうじて焼失しなかったものです。歴史を書き記した文献の一部が失われたのはすでに述べたとおりですが、その他にも皇祖皇太神宮が天皇から賜った勅書などかけがえのない宝物が数多く失われてしまったことがこの目録からわかります。

勅命の文箱と勅命

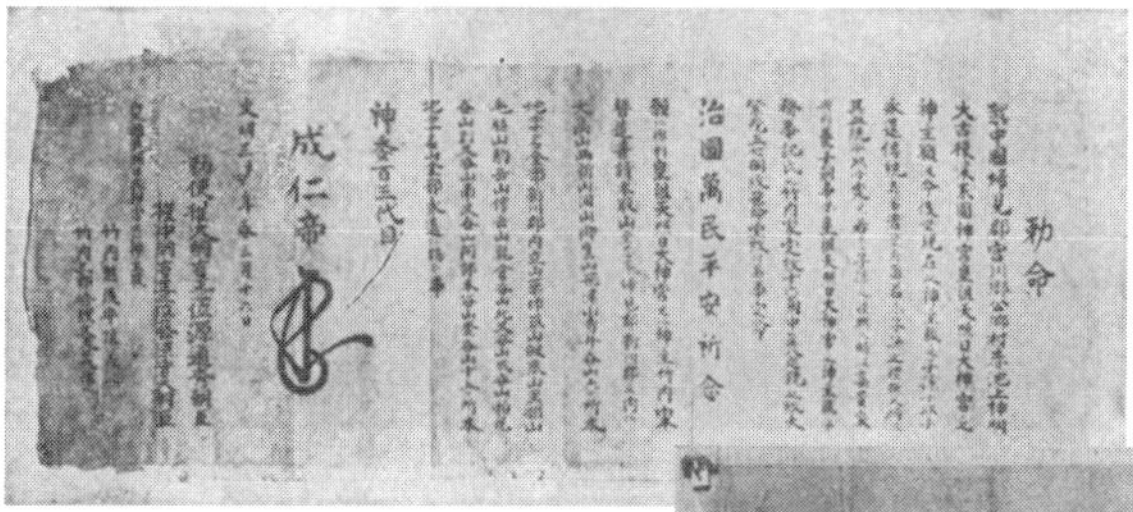

（写真は『神代の万国史』より）

ヒヒイロカネの剣

ここで、現存する御神宝について、少し詳しく述べておきましょう。

現存するヒヒイロカネの剣は以下の三振りです。

《カシコネの剣》

《オオトノチの剣》

《イザナギの剣》

目録によれば、被災する前は、少なくとも六振りの剣が存在していました。

その名前は、「アメノマウラノ尊の剣」「天津彦根《あまつひこね》生津彦根《いくつひこね》作《つくりし》宝剣《ほうけん》」、最後の一振りは「〇〇〇〇御宝剣」と目録に伏せ字で書かれているので、おそらく名前が彫ってあることはわかっても、すでに読むことができなくなっていたのでしょう。

現存する三振りの剣は、いずれも大審院の倉庫で空襲に遭い被災しているため、「炎のように輝く」と称された太古の輝きは失われてしまっています。これはわたしが祖父・巨麿から直接聞いた話ですが、被災する前のヒヒイロカネの剣は白銀色に輝く美しい剣だったと言います。

皇祖皇太神宮に伝わる剣の形は珍しく、切っ先にはちょうど宝珠が象《かたど》られているかのような丸みを持った膨らみがあります。これは剣が武器として用いられたものではないことを示しています。

皇祖皇太神宮では、現在も真剣を用いたお祓い「神刀祓い」を行っています。これは、真剣の刃を祓う人の体に直接当てて行う、他の神社では見られない神業《かみわざ》による祓いです。真剣ですから、そのまま人の体に当てれば大けがに繋がります。それが大惨事にならないのは、神様を剣に降ろして行う神事だからです。

以前、当神宮の神刀祓いを見たある新興宗教の方が真似をして大事故を起こしたことがありますので、決して真似をしないでください。神刀祓いは、神様が降りてくださらなければ決してできないまさに「神事」なのです。

現在は真剣を使って行っているこの祓いも、太古はヒヒイロカネの剣を用いて行われていたのかもしれません。

現存する三振りの剣はどれも長さ一メートルをゆうに超えるとても大きなものです。中でも一番大きいのが「オオトノチの剣」ですが、残念なことにこの剣は切っ先の膨らみが失われてしまっています。

次に大きいのが「カシコネの剣」です。これは最も保存状態のいい剣です。三つ目の「イザナギの剣」は、刀身はきれいに残っていますが、直撃弾を受けたのでしょうか、柄の部分が折れ失われてしまっています。

剣はヒヒイロカネで作られているため非常に重く、古代の天皇は祭祀の際にこれを自由自在に振っていたと伝えられていますが、にわかには信じられないほどです。ちなみにわたしは、とても片手で持つことはできません。

どの剣の刀身にも神代文字が刻まれていて、今も読むことができます。

この現存する三本の剣についての記述が、『神代の万国史』上古第二十一代・伊邪那岐《いざなぎ》天皇の御代の記録に残っています。

伊邪那岐天皇皇后二神大勇にて、即位五十億三万年に天下万国の棟梁大根《おね》天津日嗣天皇の宝、ヒヒイロカネ剱矛自身神勅によりて、天皇皇后清《すがすが》しく水にて身を禊祓精米、七年三月目に大勇力以て作す。ホド文字ミド文字付、上代天皇神名付、万国の地形付、五色人の棟梁の一孫一人天皇の三種剱神宝、天日天皇孫億代無極代迄の三剱神宝必ず万国の五色人の棟梁一宝と定め、皇孫天皇孫無極億代迄必ず天日天皇の身守宝三剱、大斗能地天皇、カシコネ天皇、イザナギ天皇御作り三剱《みつるぎ》

神刀祓い

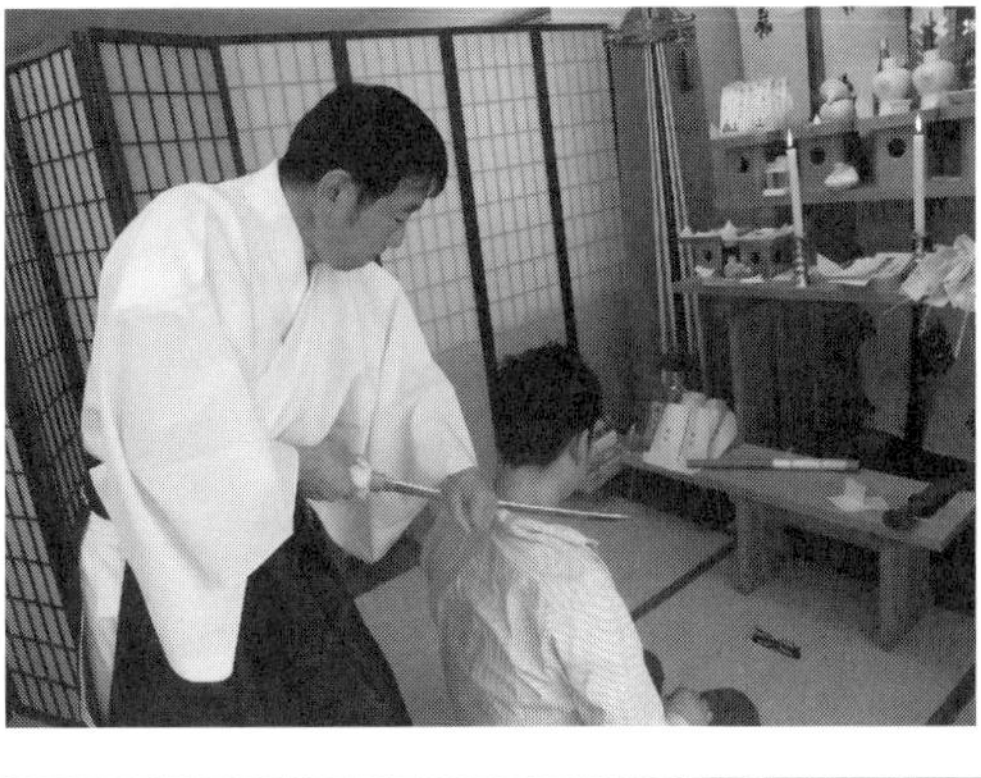

天皇亦神明皇祖皇太神宮の宝に定め、天御光太陽貴王日大御神の神勅にて定め、三剣我天日神とをもひよふと神勅、伊邪那美皇后宮身に憑神、天皇の宝を日神神勅により定め、万国無比の三剣御宝詔して、天職天皇を天疎日向津比売神に譲る。

（『神代の万国史』一八三ページより）

少々難解な記述ですが、ごく簡単に説明すると、上古第十八代の大斗能地天皇《おおとのちすめらみこと》の御代に作られた「オオトノチの剣」と、上古第二十代の惶根《かしこね》天皇の御代に作られた「カシコネの剣」、そしてこのたび神勅によって伊邪那岐天皇がお作りになった「イザナギの剣」、これらヒヒイロカネで作られた三本の剣が、神勅によって御神宝に定められた、ということです。

ここにある「ホド文字」「ミド文字」というのは、ホドとは凸を意味し、ミドとは凹を意味することから、ホド文字とは浮き彫りの文字、ミド文字とは刻印された文字を意味します。

こうした記録に残る剣の特徴は、現存する三振りの剣とぴったり一致します。

御神骨像

御神骨像というのは、天皇や高貴な人がお亡くなりになった後、その遺骨を材料に作られた像です。一見すると「石」のように見えますが、石ではありません。表面は非常になめらかなので、おそらく骨を粉にしてから特殊な製法で形を整え「像」にしたのだと思われます。

御神骨像は、次代の天皇が先の天皇の御神骨像を作るのが基本的な習わしだったので、おそらく、失われた記録の中にはその意義や製法を記録したものがあったのではないかと思うのですが、残念ながらその記録は残っていません。

現存する御神骨像の数は——、これもはっきりと申し上げることはできません。なぜなら、被災した折に、砕けたもの、失われたものが数多くあり、復元することがもはや困難な状態になっているからです。

もしも、すべての天皇、皇后のものが存在したのであれば、膨大な数に上ると思いますが、昭和の大弾圧だけでなく、それまで何度も行われた弾圧によって、多くの御神骨像が失われたと思われます。

目録に依れば、昭和の大弾圧の当時存在が確認されている御神骨像の数は七十六体。これだけでもかなりの数だと言えるでしょう。

現在、形がきちんと残り、そのお名前が確認できる御神骨像は多くありません。すべてをきちんと検証したわけではありませんので、わたしが把握している主なものだけですが、ここに記録として名前を挙げておきましょう。

・造化気萬男神の玉霊

・天疎日向津姫天皇御霊像

・天日豊本葦牙気皇美二神の御神骨像

・須佐之男尊の御神骨像

・ヨセフとマリアの御神骨像（口絵カラー写真）

どれも御神気を放つ素晴らしい御神宝です。

他にも、さまざまな御神宝が神宮に伝わっていたことを目録は記録しています。また、目録の記録以外にも、祖父や父からその存在が伝えられているものもあります。

・オニキス石

・ヒヒイロカネの鏡（口絵カラー写真）

・ヒヒイロカネの菊花御紋章（口絵カラー写真）

・イエスの版木

・イエスの遺言書

モーゼの御神骨石

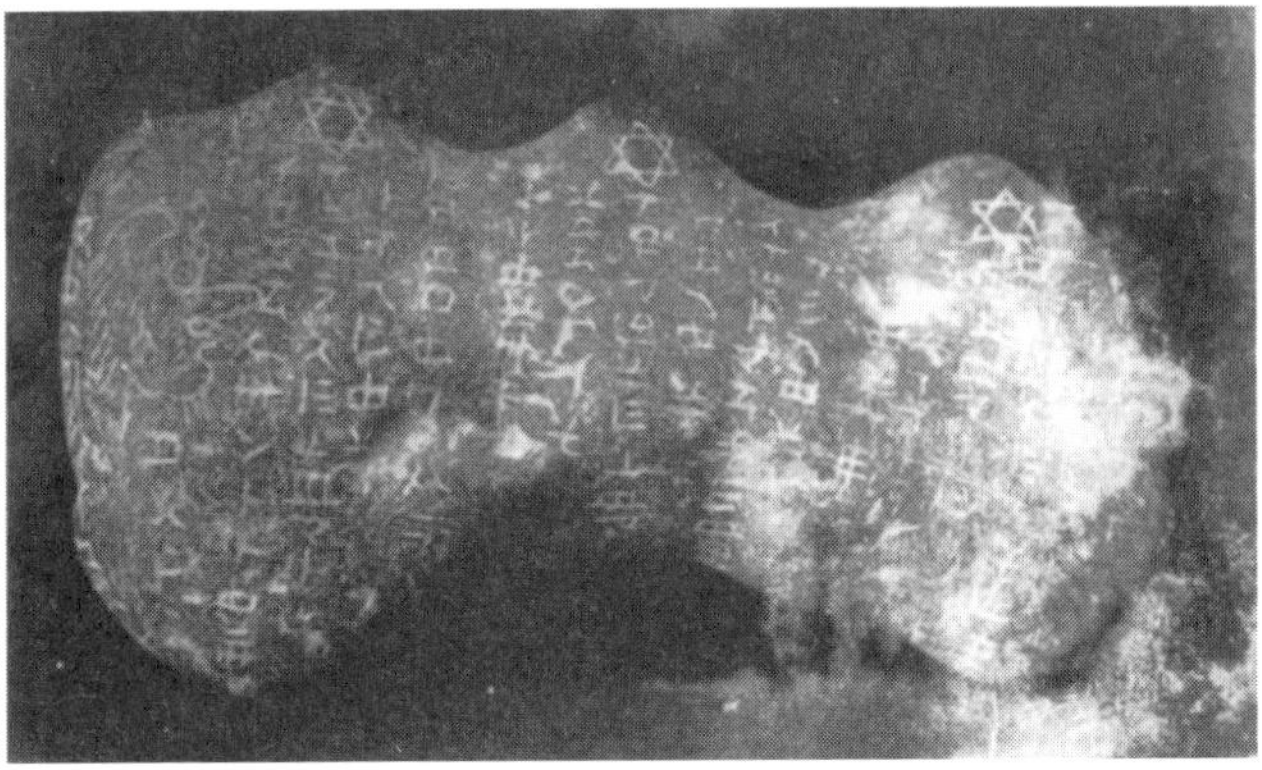

不合六十九代・マトリ王の彫刻とされる白竜神

（写真は『神代の万国史』より）

・イエスの肖像画
・ピラミッドの御神体石
・神籬立瓶
・富士山石
・曲玉
・天浮舟の模型

この中には、現存しているものもあれば、焼失したもの、戦後の混乱の中で行方がわからなくなったものもあります。

ちなみに、行方がわからなくなったものについては、盗難届を出したほうがいいのではないかと言う人もいましたが、祖父・巨麿が「心配するな。時が至れば御神宝はあるべき場所に自ら戻る」と言っていたので、その言葉を信じ、この世的な探索は現在は行っていません。

古文献の内容を立証する御神宝――モーゼの十戒石

『神代の万国史』には、世界中の聖人が皇祖皇太神宮で学んだことが記録されています。

・ユダヤ教の預言者モーゼ
・キリスト教を説いたイエス・キリスト
・仏教を開いた釈迦
・イスラム教の預言者マホメット（ムハンマド）
・中国の伝説的皇帝「三皇」のうちの二人、伏羲《ふぎ》と神農《しんのう》
・儒教の祖である孔子

誰もが知っている世界中の宗教の開祖や聖人たちの名前に驚かれた方もいることでしょう。でも、彼らはみな若き日に皇祖皇太神宮で学び、その学んだことをそれぞれの国で説いたのです。

にわかには信じられないかもしれませんが、これは事実です。なぜ事実だと言いきることができるのかというと、それを証す御神宝が実在しているからです。

まず、最も多くの御神宝が現存しているモーゼの記録を見てみましょう。

モーゼが来日した記録があるのは、不合朝第六十九代・神足別豊耡《かんたるわけとよすき》天皇の御代の記録です。

即位二百年イヤヨ月円六日、ヨモツ国よりモオセロミュラス来り、十二ケ年居る。

（『神代の万国史』三一四ページより）

天皇即位二百年の三月十六日、モーゼが皇祖皇太神宮にやってきて、その後十二年間滞在していたという記録です。

現在『神代の万国史』で確認できるモーゼの記録はこの一行だけです、何を学んだのか、その十二年間に何をしたのかなど詳しいことは一切書かれていません。

しかし、モーゼの来日の証拠である御神宝は今も神宮に残されています。

○モーゼの十戒石　《表十戒》

《裏十戒》

《真十戒》

○モーゼ魂の形石

モーゼの十戒石には「十戒」という名の通り、「表十戒」と「裏十戒」にはそれぞれ十個の戒律が、「真十戒」にはなぜか四つの戒律が神代文字で刻まれています。ちなみに、用いられている神代文字は「アジチ文字」と呼ばれるものです。

モーゼ魂の形石にも神代文字が刻まれています。

その内容から、モーゼが「表十戒」「裏十戒」「真十戒」という三種類の十戒石に添えられる形で、この魂の形石が神足別豊耡天皇に奉納されたことがわかります。

『神代の万国史』では、これらの御神宝に刻まれている内容を検証することはできませんが、失われた文献の中には、モーゼに関する詳細な記録があったと思われます。なぜなら、そのことを今に伝える克明な資料が残っているからです。

それは、日本の山に太古のピラミッドを発見した酒井勝軍《さかいかつとき》氏の『参千年間日本に秘蔵せられたるモーセの裏十誡』（一九二九年、国教宣明団出版）という本です。

酒井勝軍氏は明治六年山形県に生まれ、苦学して東北大学を卒業、その後渡ったアメリカでキリスト教を学び、帰国後は牧師をしていらした方です。大正七年、その語学力が買われ、シベリア出兵に通訳として従軍、昭和二年には政府の中東使節団の通訳としてエジプトを訪れました。このエジプト行きが彼の人生を大きく変えることになります。現地でピラミッドを間近に見た酒井勝軍氏は、その後の人生をかけてピラミッドの研究へ打ち込んでいくことになるからです。

そんな彼が皇祖皇太神宮を訪れたのは、エジプトから戻って間もない昭和四年のことだったといいます。そして、もともとキリスト教に詳しかった酒井氏が巨麿管長の助力を得て書き上げたとされているのが、先の『参千年間日本に秘蔵せられたるモーセの裏十誡』なのです。

酒井氏は皇祖皇太神宮を訪れるまで、日本人のルーツはユダヤ民族にあるとするユ日同祖論を研究されていました。それが神宮で学んだことにより、確かに日本とユダヤの間には深い繋がりがあるけれど、その関係は今まで考えていた「ユダヤ→日本」ではなく、「日本→ユダヤ」だったことを知ったと言います。

酒井氏の本によれば、当時の古文献にはモーゼについての詳細な記録が存在していたとあります。

どのようなことが書かれていたのか、まとめてみましょう。

まず、『神代の万国史』に残っているモーゼ来日の記録は、モーゼの初来日ではなく、二度目の来日だったと言います。

このとき、モーゼは船に乗って現在の石川県羽咋《はくい》郡の宝達《ほうだつ》水門という場所に着いています。神宮に伝わるモーゼに関する御神宝類、「表十戒」「裏十戒」「真十戒」「縞瑪瑙石（オニキス石）」「魂の形石」という五つの宝物は、このときに天皇（神足別豊耡天皇）に捧げたものでした。

酒井氏の本にはモーゼが日本に十二年間滞在した目的も記されています。

モーゼの十戒石
《表十戒》

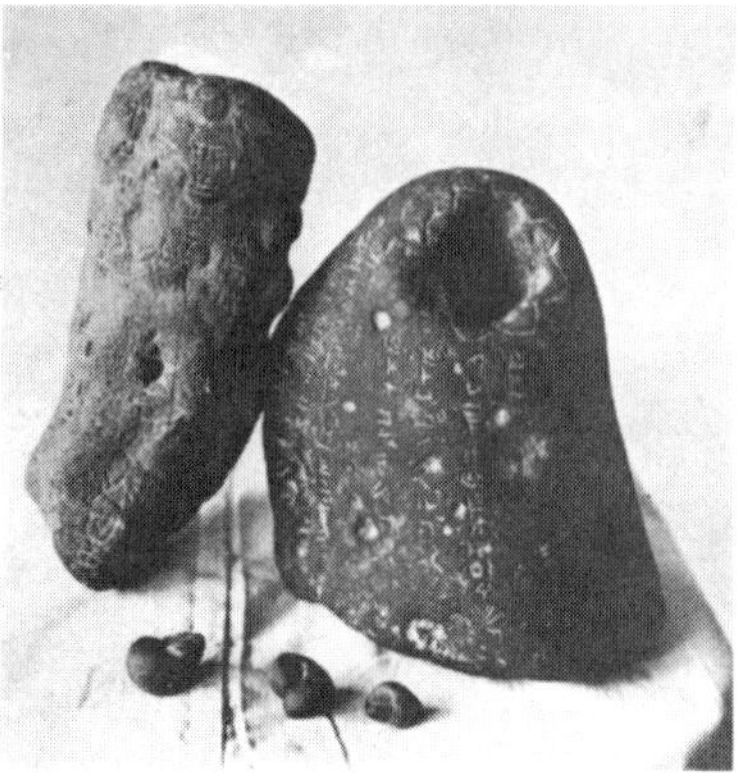

《裏十戒》

モーゼ魂の形石

（写真は『神代の万国史』より）

それは、モーゼが天皇に捧げた十戒に「公布許可」をもらうことでした。実はモーゼは以前にも十戒を作り、ユダヤの人々に説く許可を願い出たことがあったのですが、そのときには許しが得られなかったのです。

国に戻ったモーゼは許可が得られなかった十戒を推敲し、再び作り上げたのが、今回奉納した三種類の十戒だったのです。

しかし、今度も天皇の認可はすぐには下りませんでした。そこで許可が出るのを待つ間、モーゼは宝達山（石川県）に住むことになります。宝達山は、その山域が現在の羽咋郡宝達志水町、かほく市、河北郡津幡町、富山県氷見市、高岡市にまたがる能登半島最大の山です。彼はここで不合朝第六十三代天皇・事代国守高彦尊《ことしろくにむるたかひこ》天皇の孫に当たる「大室姫《おおむろひめ》」という女性を妻に娶《めと》り三人の子供にも恵まれたとされています。

来日から十二年目、彼の十戒についに天皇の認可が下りることになりました。モーゼは大喜びでそれを交付するために、妻子を日本に残し、一人で天浮舟に乗り急ぎシナイ山に向かいました。こうしてモーゼは「神から授かった」ものとして十戒をユダヤの人々に授けたのです。

実に詳しい内容です。

ここに書かれている内容は、『神代の万国史』には見ることができませんが、酒井氏がこの本を出版した当時は、巨麿管長も健在でしたから、少なくともここに書かれている内容に近い記録が当時の古文献にはあったと考えられます。

しかし、『神代の万国史』にその記録が確認できない以上、酒井氏の本に書かれていることがすべて古文献に書かれていたことなのか、あるいは酒井氏が独自に研究された成果が混ざっているのか、混ざっているとしたらどの部分がそうなのか、ということまでは判別することができません。

それでも、皇祖皇太神宮にここに書かれている「表十戒」「裏十戒」「真十戒」「縞瑪瑙石（オニキス石）」「魂の形石」という五つの御神宝が存在したことは事実です。現在オニキス石と裏十戒はその形が崩れてしまっていますが、わたしはオニキス石と裏十戒石を幼少のときに確かに見た記憶がありますし、残りの三つ「表十戒」「真十戒」「魂の形石」は今も完全な形を保ち、ご神気を放っています。

このことからわたしが言えるのは、ユダヤ教の偉大な預言者であり、キリスト教においても重要な預言者であるモーゼは、かつて日本の皇祖皇太神宮を訪れ、十二年間滞在していたことは紛れもない事実だということです。

物証と記録、この二つがきちんと揃っているからこそ、それが真実であるとわたしは言い切れるのです。

イエス・キリストの真実を伝える御神宝

同じことがイエス・キリストについても言えます。

イエス・キリストの記録が残されているのは、神倭朝第十一代・垂仁《すいにん》天皇の御代の記録です。

> この天皇時代、イエスは十字架の難を、弟の身代りによって逃れて、日本に来た。チチの国、八戸に上陸、戸来《へらい》村に住み、百十八歳の長寿を保った。
>
> （『神代の万国史』三三〇ページより）

モーゼ同様、イエスに関する記録も、『神代の万国史』で確認できるのはこれだけです。

しかし、モーゼに関する詳細な研究書を酒井勝軍氏が残していたように、当時の竹内古文献をもとにイエスに関しても詳細な研究書を残した人物がいます。その人は山根キクという女性です。

彼女は明治二十六（一八九三）年山口県萩市生まれ、十四歳のときにキリスト教に出会い、その後、共立女子神学校（現フェリス女学院）に進学、卒業後は婦人運動に身を投じますが、皇祖皇太神宮にイエス・キリストの真実を伝える文献があることを知り、キリスト教の日本渡来説の間違いを正す研究に専心するようになっていったという人です。

彼女の研究は、『光は東方より』（一九三七年、日本と世界社）、『キリストは日本で死んでいる』（一九五八年、平和世界社）にまとめられています。

では、彼女の著書をもとに、皇祖皇太神宮に伝わっていたイエスの生涯をたどってみましょう。

イエスは神倭朝第十代・崇神《すじん》天皇の即位六十一年の一月五日、父ヨセフと母マリアの長男としてエルサレムの郊外ベツレヘムという町で生まれました。キリスト教ではイエスが生まれたのは十二月二十五日とされています。皆さんもよくご存じのクリスマスです。しかし、神宮に伝わる文献によればこれは誕生日ではなく、イエスが昇天した日、つまり亡くなられた日だといいます。

イエスが亡くなったのも、キリスト教と神宮の古文献では違います。キリスト教の聖典『新約聖書』では、イエスは神の子として教えを説いたことを責められ、ゴルゴダの丘で磔《はりつけ》にされ亡くなったとされています。このときイエスは三十代前半、西暦はもともとイエスの生まれた年を起点としているのですが、多少の誤差があり、現在は西暦二八～三〇年頃のことと考えられています。

●聖書にはない古文献によるキリストの記録

もちろん、キリスト教というのはイエスの復活を信じる宗教なので、イエスは磔によって一度死んだけれど、その後、神の力によって復活し、天に昇ったと聖書は記しています。

これに対し神宮の古文書は、イエスは日本で一一八歳の天寿を全《まっと》うして亡くなったと記しています。

誕生日と命日は違いますが、イエスの幼い頃のエピソード、ヘロデ王の幼児虐殺を逃れるために町を離れたことや、エルサレムの神殿でユダヤ教の司祭と議論をして勝った話などは、キリスト教の聖典『新約聖書』に書かれていたものと神宮の古文献に記されていたものはほぼ同じです。でも、神宮の古文書には、聖書にはない記述がありました。そして、それはキリスト教を学んだ山根キク氏が長年抱き続けていた疑問の答えでもありました。

その疑問というのは、イエスの生涯における「空白の期間」についてです。

『新約聖書』を読んだことがある方はご存じだと思いますが、実は聖書が伝えるイエスの生涯には「空白期間」が存在しています。具体的に言えば、子供の頃、ユダヤ教の聖堂で司祭と議論をした後から、成人し洗者ヨハネの洗礼を受け神の教えを説くようになるまでの間です。年齢でいうと十三歳から三十歳までの間です。思春期から大人になるまでの、非常に重要な期間がすっぽり抜けているのです。この間イエスがどこで何をしていたのか、聖書にはまったく記録がありません。そのため聖書を読むと、成長したイエスが唐突に布教を始めたかのように見えるのです。

イエスはこの間、どこで何をしていたのでしょう。

山根キク氏は、この空白期間を埋める記録を神宮の古文献に見いだし、長年の疑問が氷解したと言っています。

神宮の古文献によれば、聖書で空白になっている期間、イエスは日本の皇祖皇太神宮に滞在し、神主・武雄心《たけおごころ》親王の弟子となって、さまざまな神の教えを学んでいたといいます。

記録によればイエスが来日したのは十八歳のとき、モーゼ同様、海路船で宝達港（宝達水門）に着いたといいます。おそらく当時は、神宮と世界を結ぶ航路が存在していたのでしょう。

イエスは神宮で、神秘術事、文学、祭祀、歴史、天文学、祭政一致の根本などさまざまなことを学びました。聖書は、イエスが死者をよみがえらせたり、らい病患者を癒《い》やしたり、湖の上を歩いたりといった奇跡を起こしたことが記録されていますが、こうした神秘的な技もまた神宮で学んだものでした。

イエスの日本での修行期間は足かけ五年に及びました。神宮には、その当時のイエスの姿を皇室画家、彦太人形図文命が描いたものが伝わっています。それは、菊形模様の入った王冠を戴き、王の衣装を纏《まと》った気品に満ちたものです。

修行を終えたイエスは、天皇《すめらみこと》から国王の印を授かり、恩師・武雄心親王からはヒヒイロカネで造られた宝刀を守り刀として贈られています。こうして修行を終えたイエスは、母国で神の教えを伝えるため帰国したのでした。

実はこの旅立ちのとき、イエスは天皇と一つ約束をしています。それは、「必ず生きて再び戻ってくる」というものでした。

おそらく天皇には、母国に戻ったイエスにどのような運命が待っているのかわかっていたのでしょう。だから、このような約束をしたのだと思いますが、この約束を守るために、後年イエスは苦しい決断をすることになります。

日本に初めて来たのが十八歳のとき、それから五年間滞在したということは、日本を発ったのは二十三歳のときということになります。聖書の空白期間は三十歳までなので、まだ七年間の空白が残っています。

これに関しても『竹内文書』は記録していました。イエスは船で母国に帰る途中、イタリアのモナコに寄ったとあるのです。このときのイエスはまだ若く、向学心にも燃えていました。おそらく、この期間にイタリアだけでなく世界中のいろいろな土地や人々、その文化などを見て回ったのだと思われます。

この神宮の記録に出会い、神宮の記録の価値を実感した山根キク氏は、聖書ですらわからな

イエスの版木

キリストが板に彫刻したイスキリ文字

戸来村のイエスの墓「十来塚」（写真／京都フォトセンター）

かったイエス・キリストの真実の伝記をまとめることを決意し、研究に没頭していきました。

このとき彼女が皇祖皇太神宮に導かれたのは、私はやはり神の計らいだったのだと思います。なぜなら、山根キク氏が最初の研究書『光は東方より』を出版したのは昭和十三年ですが、実は、それに先立つ昭和十年八月に、祖父・巨麿は、文献の記録をたよりに青森県戸来村（現在の三戸郡新郷村戸来）を訪れ、そこにイエスの墓を発見していたからです。つまり、山根氏からすれば、イエスに関する古文献の記述が正しいことを証明する物証がすべて整った段階で、神宮を訪れているのです。

その後、神宮が弾圧され、貴重な記録が失われてしまったことを考えると、山根氏や酒井氏がこの時期に神宮を訪れ詳細な記録を残したの

イエスの墓の隣に並ぶイスキリの墓「十代墓」（写真／京都フォトセンター）

は、神の計らいだったとしか思えないのです。

話をイエスの生涯に戻しましょう。

イスラエルに戻り、神の教えを人々に伝えたイエスがその後どうなったのか、そのことについては新約聖書に詳しく書かれているのでここでは割愛しますが、最終的に彼は罪に問われ十字架の刑に処せられることになります。

こうして有名なイエスの十字架上の死と復活の奇跡が起こるのですが、神宮の古文献によれば、十字架に磔《はりつけ》にされたのは、実はイエス本人ではなかったと言います。

十字架に掛けられたのがイエス本人ではなかったとしたら、それは誰なのでしょう。実は、これも聖書には記されていないことですが、イエスには瓜《うり》二つの弟がいたのです。弟の名はイスキリ、生まれたのはイエスと同じ年の十二月六日でした。つまり、年齢が丸一歳も違っていない、双子と見まごうような弟だったのです。身代わりになることは、イスキリからイエスに申し出されました。それは、イエスに「生きて再び日本に戻る」という天皇との約束があったことを知っていたからでした。天皇との約束を違《たが》えることはできません。二人は「天皇との約束」の重みをよくわかっていたのです。それでも、ここで身代わりになるということは、自分の代わりに弟が殺されることを意味しています。イエスはさぞ苦しんだことでしょう。しかし、悩んだ末に彼は弟の申し出を受け入れ、再び日本へ旅立つことを決意しました。

このときもイエスはさまざまな国を経て日本に来ています。その経路は、北欧、アフリカ、中央アジア、シベリア、アラスカ、北南米、再びアラスカを経て日本の八戸（青森県）に至るものでした。この旅の途中、イエスは世界各地で十四人の弟子を得ています。これは聖書が伝える十二使徒とは別の人々です。

その後イエスは日本名「八戸《はちのへ》太郎《たろう》天空坊《てんくうぼう》」と名乗り、自分の身代わりとなったイスキリの墓を作り、日本まで持ってきた両親の骨（弟とほぼ同時期に亡くなった）から御神骨像を作ったといいます。

イエスはこの両親の骨から作った「ヨセフとマリアの御神骨像」（口絵）を神宮に奉納することを希望しましたが、すぐには認めてもらえませんでした。この願いが聞き入れられたのは、なんと奉納を希望してから六十六年もたった時だったといいます。すでにイエスは一〇五歳の高齢となっていました。

これほど長い年月を経て奉納が認められたのは、イエスの恩師・武雄心親王《たけおごころ》の働きかけがあってのことだったといいます。

その後、一一八歳で天寿を全うしたイエスは、自分の身代わりとなって十字架に掛けられ亡くなった弟イスキリの墓の隣に葬られました。

今も戸来村へ行くと、巨麿管長によって再発見されたイエスの墓「十来塚《へらいづか》」と、イスキリの墓「十代墓《じゅうだいぼ》」が仲良く並んでいるのを見ることができます。

何を信じるか

わたしが生まれたのは一九五五（昭和三十）年。すでに戦後の混乱も落ち着き、いわゆる戦後教育が浸透していた時期です。ですから、わたしも皆さんと同じように、ごく普通の学校に通い、ごく一般的な歴史教育を受けて育ちました。

わたしが十歳になるまで祖父・巨麿は健在でしたが、祖父はわたしに「うちの古文献が正しく、学校の教える歴史は間違っている」と言ったことは一度もありませんでした。わたしが磯原の神宮へ行くと、よく昔話をするように自分の昔の体験や、神様の話をしてくれることはありましたが、祖父も、そして父も、わたしが学生をしている間は古文献を見せようとはしませんでした。

子供の頃から皇祖皇太神宮のお祭りには参加していたので、神様の存在やその力については強く感じていましたが、子供の頃から皇祖皇太神宮の神主としての英才教育を受けてきたわけではないのです。

なぜ、祖父も父もあえて古文献を学ばせなかったのか、今わたし自身が、次世代を育成していく立場になってみるとよくわかります。

わたしたちは今の時代に、今の社会の中で生きています。

その社会の中できちんと生きていくためには、社会が認める教育を受け、今の社会のルールや常識を身につけることが必要です。そのために子供はまず学校で学び、基礎教養を身につけなければなりません。そうした真っ白な状態の子供に、異なる内容の歴史を同時に教えたらどうなるでしょう。間違いなく混乱してしまいます。

敬愛する祖父や父が信じ、自分も体感している「神」が伝えた歴史と、社会が正しいと信じ、学校で友達とともに学んでいる歴史と、どちらが正しく、どちらが間違っているのか、正しく判断する力は子供にはありません。

そのことがわかっていたので、祖父も父も、わたしに物事をきちんと判断できる力が培われるまで待ったのです。おかげで、わたしは混乱することなく、中学、高校、そして大学へと進学することができました。

そして今、皇祖皇太神宮の管長として活動していく上で、皆さんと同じごく普通の学校教育を受けたことがとても役立っています。なぜなら、『竹内文書』の歴史に初めて触れたときの皆さんの気持ちがよくわかるからです。

さらに、学校教育を受けたことで、現代科学の素晴らしさも限界もきちんとわかった上で『竹内文書』と向き合うことができるからです。

『竹内文書』と現在の歴史学の最大の違いは、天神七代、上古二十五代、不合朝七十三代という膨大な期間の歴史の有無です。そして、これらの時代に文明が存在していたことを現代科学はまだ証明できません。

でも、先にも言いましたが、科学は「ある」ことがはっきり立証できないものは、なかったことにしよう、という立場をとるものなのです。つまり、「ある」とも「ない」とも立証できないことは「ない」ことにされるのです。

この考え方は、現在の犯罪立証に似ています。

現在の法律では、その人が確かに罪を犯したという証拠が見つからないと、犯罪が立証されないので、どんなに疑わしくてもその人を有罪にすることはできません。いわゆる「疑わしきは罰せず」という刑事裁判の原則です。

しかし、刑事事件では、一度裁判で結果が確定した人に対しては、後から決定的な証拠が見つかっても、その人を罪に問うことはできないとした「一事不再理」という決まりがありますが、科学には一事不再理はありません。

科学は新しい証拠が見つかればどんどん書き換えられていきます。

一三七億年とされている宇宙の年齢も、あくまでも今の段階における限界の数字です。地球の年齢が四十五億年というのも同じです。現代科学はさまざまなことを明らかにしてきましたが、まだまだわからないことはたくさん存在しています。

それに、科学は目に見えるもの、あるいは計測できるものしか「ある」と立証することができません。

「神」や「気」の存在を証明できないのも、科学では立証できないからに過ぎません。

でも、多くの人は科学がどんなに否定をしても「神」の存在を信じているのではないでしょうか。

どんな神かは別として、世界中どこの国を見てもまったく宗教を持たないところはないと言っても過言ではないでしょう。日本人は無宗教だとよく言われますが、困ったときには神に手を合わせ、結婚するときには神の前で誓いを立て、亡くなったときにも形はさまざまですが供養を行います。そうしないと落ち着かないのは、目には見えないし、科学でも証明されていないけれど、そこに「何かの力」があることを「心」が知っているからだとわたしは思います。

今、心と言いましたが、心があることも科学は立証できていません。でも、わたしたちは自分たちが「心」を持っていることを誰も疑わないはずです。

わたしたち人間は、もっと《感じる》ものを大切にすべきだとわたしは思います。

本当に大切なものは、「物」ではなく「心」だというのは、昔から言い古された言葉ですが、真理だと思います。

わたしは幸いなことに、幼い頃から神様の存在を身近に感じることができる環境で育ってきたので、科学では立証できなくても確かに「存在する」ものがこの世にはあることを知っています。

わたしが御神宝を本物だと断言できるのも、わたしがそこに紛れもない「神気」を感じ取ることができるからです。人が作ったものにも「気」がこもったものはたくさんあります。名人・名工と呼ばれる人が作った作品などはまさにその好例です。

でも、神がお作りになられたものは、「気」のレベルがまったく違うのです。その違いは残念ながら言葉ではうまく表すことができません。でも、厳然として違うのです。

現在、皇祖皇太神宮に残る文献も御神宝も、もともとあったものからすればほんのわずかです。そういう意味では一〇〇％完璧な歴史を伝えているとは言い切れません。

それでも、それらが伝える大きな歴史の流れと、御神宝が放つ神気、そして皇祖皇太神宮にお参りに来られた方々が神から授かる神威は、真実の光を放っています。

これらは見えるものでも計測できるものでもありません。「感じる」ものです。

でも、感じることができれば、自分の心同様、目に見えなくてもあることが確信できるものです。

わたしは一人でも多くの方に、科学より自分の感性を信じられるような人になっていただきたいと思います。

初公開！

靖国神社・遊就館に保存されていた

皇祖皇太神宮御神宝総目録（381点）

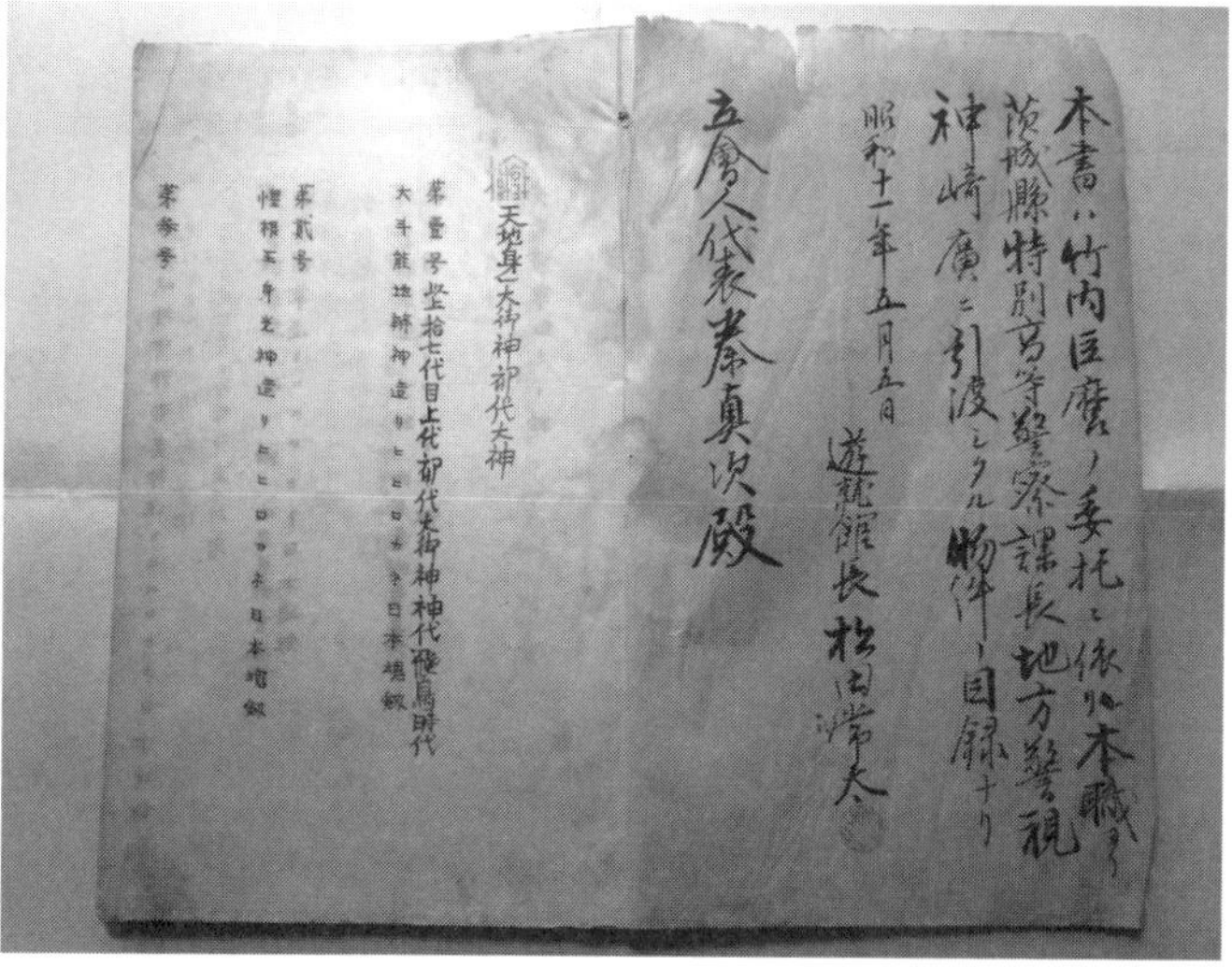
本書ハ竹内巨麿ノ委託ニ依リ本職ヨリ
茨城縣特別高等警察課長地方警視
神崎廣ニ引渡シタル物件ノ目録ナリ
昭和十一年五月五日
遊就館長 松田常太
立會人代表 秦真次殿

目録

本書ハ竹内巨麿ノ委託ニ依リ本職ヨリ
茨城県特別高等警察課長地方警視
神崎廣ニ引渡シタル物件ノ目録ナリ

昭和十一年五月五日

遊就館長　松田常太　印

立会人代表　秦真次　殿

印　天地身一大御神初代大神

以上十七代目上代初代大御神神代飛鳥時代

第壹号
大斗能地辨神造りヒヒロカネ日本魂劔
第貳号
惶根王身光神造りヒヒロカネ日本魂劔
第参号
伊邪那岐神伊邪那美神造りヒヒロカネ日本魂劔
第四号
天眞浦尊造りヒヒロカネ日本魂劔
第五号
天眞浦尊造りクロカネ劔
第六号
天眞浦尊造りノ劔
第七号
天眞浦尊造り大劔　由来巻物壹巻附
第八号
天眞浦尊造り伴ノ劔　由来巻物壹巻附
第九号
體骸骨《マカタ》玉神躰《マタマシヒ》
天八丁王神天三降主神ノ骨像
天八百足美二神自身造り神躰
第十号
體骸骨《マカタ》玉神躰《マタマシヒ》

天日豐本葦牙氣神骨神躰
第拾壱号
體骸《マカタ》骨玉《マタマシヒ》神躰
天日豐本葦牙氣皇神美神両神骨骨像
第拾貳号
體骸《マカタ》骨玉《マタマシヒ》神躰
天御光神骨像
天御中主神自身造り神躰
第拾参号
同
淤母陀琉日子日女二神骨像
天踈日向姫神自身造り神体
第拾四号
須佐之男尊骨像
天忍穂耳命自身造り御神躰
第拾五号
同
天御中主神骨像
第拾六号
同
造化氣萬男神造り玉璽
第拾七号
同
皇神　豊玉彦姫命祭り神躰
第拾八号
同
神倭磐余彦天皇　道臣命造り神躰
第拾九号
同
天一天柱主美柱主神ノ骨像神躰
国萬造主神造り神躰
第貳拾号
同
天日豐本葦牙氣皇美神骨神躰
第貳拾壱号
同
不合十二代弥廣殿作神造りピラミット神躰
第貳拾貳号
同
不合七十一代天照国照日子百日臼杵神ノ骨像
タネコミコト、アメトミコト造り神躰
第貳拾参号
同
天一天柱主神ノ骨像

国萬造主神造り神躰
第貳拾四号
同
元無柱躰主主大神骨像
惶根神造り神躰
第貳拾五号
同
不合五十五代玉柏彦神造り神躰
第貳拾六号
同
金山マトヒノ命造り神躰
第貳拾七号
同
火火出見神造りピラミット神躰
第貳拾八号
同
不合三代眞白玉眞輝彦神造り神躰
第貳拾九号
同
赤池白龍神璽
ニニキネ神造り神躰
第参拾号

同
天御中主美二神骨像
八十萬魂神造り神躰
第参拾壱号
同
アジア国玉ヨハネスブルク青人民王
ナタル氏霊像神躰
第参拾貳号
同
アフリ国玉アフリアビシアムス赤人民王
コナクリ民王霊像神躰
第参拾参号
同
白人祖骨玉アシアシヤムバンコクムス白人
祖民王霊像神躰
第参拾四号
同
ヨイロハアダムイブヒ赤人女祖氏霊神躰
第参拾五号
同
日神像
不合七十一代百日臼杵神造り神躰

第参拾六号
同
天日豊本黄人皇主美神霊玉神躰
マカタコラスマカカミサリゾ造り神躰
第参拾七号
同
天御中主神造り神躰
第参拾八号
同
不合六十九代神足別豊耡神造り霊神躰
其ノ壱、其ノ弐
第参拾九号
同
化石神躰弐躰
其ノ壱、其ノ弐（＊＊神代文字）
第四拾号
同
天竺萬山黒人民王霊神躰
第四拾壱号
同
不合二代軽嶋彦神造り神躰

第四拾弐号
同
造化氣萬大神骨像
天御中主神造り神躰
第四拾参号
同
長壽守神躰
薬師神
第四拾四号
化石神躰
＊＊＊＊＊＊＊神代文字
第四拾五号
化石神躰
第四拾六号
同
＊＊＊＊＊神代文字（ワタツミカミ）
＊＊＊神代文字（ウミナ）
＊＊神代文字（カミ）
第四拾七号
同
＊＊神代文字（キカ）
＊＊神代文字（フカ）

＊＊＊神代文字（ムスヒ）
＊＊＊神代文字（アワス）
＊＊神代文字（ンミ）
＊＊神代文字（ウミ）
第四拾八号
＊＊＊＊神代文字（カイイシ）神躰
国常立神造り神躰
第四拾九号
體骸《マガタ》骨玉《マタマシヒ》神躰
天地明玉主照神糸玉媛神骨像神躰
不合五十九代
第五拾号
同
富貴長壽守神
豊斟渟媛二神骨像神躰
第五拾壱号
同
神護石磐城神躰
第五拾貳号
同
竹内宿祢二神霊玉
眞鳥造り神躰

第五拾参号
同
道身家地守神霊神躰
第五拾四号
同
＊＊＊＊＊神代文字（ムオカゼツカ）（眞城
附天地人三躰
第五拾五号
同
日神外六神躰骨像
不合七十一代百日臼杵神造り神躰
第五拾六号
同
五色人守神
造化氣萬神　猶太人祖神躰
第五拾七号
同
蛭子神骨像
天仁仁杵神造り神躰
第五拾八号
同
赤池白龍神躰

第五拾九号
同
天神地祇ヲ祀ル
忍穂耳神骨像
天仁仁杵根神自身造り神躰
第六拾号
同
天疎日向津媛神骨玉霊
忍穂耳神造り神躰
第六拾壱号
同
＊＊＊＊神代文字
伊邪那岐神造り神躰
第六拾貳号
同
元無極體主王大御神骨像
不合五十九代天地明玉主照神造り神躰
第六拾参号
同
外宮神躰（アフリ神）
ムサツミニ祀ル
第六拾四号
同
日神
不合三十一代橘媛神造り神躰
第六拾五号
同
日神　蚕養ノ神
不合十五代臼杵神造り神躰
第六拾六号
同
日神　ロミュラス祀ル
別祖太神宮神躰
第六拾七号
同
天八下王神骨像
天二降神造り神躰
第六拾八号
化石神躰
万結縁神
第六拾九号
同
結縁神
第七拾号

同
天八下王美神霊玉
勝守神
第七拾壱号
體骸骨玉神躰
ロミューラス造り奉納神躰
第七拾貳号
同
不合五十三代天開明知国東神骨神躰
不合五十五代天津玉柏彦神造り神躰
第七拾参号
同
モーゼ十戒神躰
第七拾四号
同
モーゼ神誡神躰
第七拾五号
オニックス神躰
第七拾六号
同
モーゼ三ツ塚　附密封由来書二巻
大嶋彦命造り神躰

第七拾七号
同
アジチ天竺祖神骨神躰
第七拾八号
同
武内宿禰霊骨　神躰
木菟宿禰霊骨　神躰
第七拾九号
同
イスキリ神骨神躰
第八拾号
同
武内宿祢骨神躰
武内木菟宿祢造り神躰
第八拾壱号
大白龍神躰
第八拾弐号
小白龍神躰
第八拾参号
天狗ノ面　守邦王作
天保二八月
第八拾四号

譽田別命木像　源信作
貞観七年三月一日　少し破損
第八拾五号
唐昭宗像　大順二年三月造　少し破損
第八拾六号
カラス天狗面　守邦王作
文保二八月
第八拾七号
體骸骨《マガタマ》玉神躰《タマシイ》
天日豊本葦牙氣皇美二神骨神躰
天主御中主神造り神躰
第八拾八号
火火出見神像　仁山作　少し破損
第八拾九号
象牙ノ宝一基　神躰*********神代文字
天平六年正月
第九拾号
福神　奉治運慶作
第九拾壱号
武内宿禰作瓶　フチ欠
第九拾貳号
武内宿禰作瓶

第九拾参号
小釣鐘　高倉帝宝
安元元年
第九拾四号
皇祖棟梁皇大神宮大印
第九拾五号
日月菊型小印
第九拾六号
五鈴
第九拾七号
八咫鏡　勅命豊臣秀吉ヨリ奉納
文禄五年三月
第九拾八号
ム十札
其一　弘治二年二月五日　奉献
其二　天文十七年三月十七日　奉献
其三　方仁天皇御代奉献
第九拾九号
萬国棟梁主天皇定紋
天正十三年三月一日
第百号
奉納幟

其壱ヨリ其拾貳迄

第百壱号
奉納幟表装
其壱ヨリ其参
第百貳号
掛軸壱幅　上、下
第百参号
地券　明治十二年三月　石川縣
第百四号
神代文字御神札印
ニニキネ神フテ
二十一度堀直シン
延久三　三月一日　紀義信
第百五号
神代文字御神札印
忍穂耳神筆　五度刻換
白雉元年十一月　竹内祐人
第百六号
同
天平癸酉五　十一月三日
天津火火出見神御竹筆
御主宝二十一度目造御主神

神主　紀仲麿
第百七号
皇祖皇太神宮神主竹笏
田本天皇即位十二年正月元日　紀麿造
第百八号
御宸翰
一統大平菊主世界
神御幸卯春伊矢世目印
第百九号
同
惟仁帝　貞観十年三月十六日
第百拾号
同
神御帝　弘仁八年二月十八日
第百拾壱号
同
惟仁帝　貞観十五年二月十六日
第百拾貳号
勅命
考仁帝　永享三年二月十一日
第百拾参号
同

第百拾四号
幹仁帝　応永八年三月二十二日
同
弥仁帝　文和元年十一月十六日
第百拾五号
棟梁皇祖皇太神宮
日両帝　天平己卯春三月三日
第百拾六号
勅命
神聖帝　弘仁三年三月十六日命
第百拾七号
同
弥仁帝　文和元年十一月十六日
第百拾八号
御宸翰
祢遠尊帝　天号二己巳十月二十日
第百拾九号
同
金劉帝　昌泰庚申才
第百貳拾号
同
神聖帝　弘仁壬辰三月十四日

第百貳拾号
同
小聖帝　延喜甲子才
第百貳拾貳号
同
諸良帝　天平庚午才
第百貳拾参号
同
白科帝　延喜乙亥才
第百貳拾四号
同
白科　延喜辛巳才
第百貳拾五号
同
和仁帝　天文十一壬寅　三月二十五日
第百貳拾六号
同
祢仁帝　文和三甲午　二月十一日
第百貳拾七号
同
彦仁帝　永享四壬子　四月十三日
第百貳拾八号

勅命
和仁帝　　天文九庚子年　　九月十六日
第百貳拾九号
御宸翰
神宝帝　　弘仁辛丑年
第百参拾号
同
日両帝　　神亀戊辰なよな月
第百参拾壱号
同
素融帝　　永仁丁酉　才
第百参拾貳号
同
神宝帝　　弘仁九歳餅柳皆
第百参拾参号
勅命
弥遠尊帝　　天長二年乙巳　十月二十日
第百参拾四号
勅命
和仁帝　　天文九年庚子九月十六日
第百参拾五号
同

幹仁帝　　應永八年辛巳三月二十四日
第百参拾六号
同
彦仁帝　　永享三年辛亥　二月十六日
第百参拾七号
御宸翰
神聖帝　　弘仁壬辰　　三月十六日
第百参拾八号
同
彦仁帝　　永享八丙辰　　六月五日
第百参拾九号
同
神聖帝　　弘仁庚子　　五月十四日
第百四拾号
同
幹仁帝　　応永十一甲申　　四月二十三日
第百四拾壱号
同
神聖帝　　弘仁八丁酉　　二月十八日
第百四拾貳号
源義顕　上文　　文治二年丙午十二月十六日
第百四拾参号

源義家　上文　庚平七年甲辰九月二十一日
第百四拾四号
巻物　一巻　源直義印之
棟札印比巻以上大秘蔵
第百四拾五号
淳和天皇御詔
勅使　藤原三守
勅使　源　信
天長九壬子年八月十八日
第百四拾六号
源義家　上文　寛治三年　己巳年三月二十日
第百四拾七号
源義経　上文　文治戊申年八月十五日
第百四拾八号
桃井直常　上文　建武元年甲戌十月十五日
第百四拾九号
桃井直常　上文　文和元年壬辰三月十六日
第百五拾号
桃井直常　上文　貞治元壬寅年七月朔日
第百五拾壱号
藤原顕定　上文　明応三甲寅年十一月一日
第百五拾貳号

御奉寄進書
神保安藝守氏春　天正四丙午年二月十八日
第百五拾参号
織田信長ノ命令書　天正四年丙子二月十八日
第百五拾四号
豊臣秀吉寄進書　天正十四年壬午七月二日
第百五拾五号
寄進書　天正十一年二月十五日
勝家　菅原利家
佐々源年政
第百五拾六号
御取替木取山地宛行　寛永十九年壬午二月十一日
神尾主殿
前田利次
妻正将監
第百五拾七号
御上文　寄進書　元利二丙辰年三月六日
菅原利常
第百五拾八号
同　寛永十八辛巳年五月十一日
菅原利次
第百五拾九号

神体札三印　由来
源惟光　正和三年四月
第百六拾号
遺言書
源頼光　慶長六辛丑年二月十八日
第百六拾壱号
陽春布沢徳　菅原道眞
第百六拾貳号
請書楽　菅原道眞
第百六拾参号
皇祖天照日大神宮　菅原道眞書
日泰二年六月十五日
第百六拾四号
勅命　巻物　壱巻
地行記録
菅原道眞
第百六拾五号
御上文
黒漱覚遠　長享二戊申年三月十九日
第百六拾六号
同
本願寺家宰　下間筑前坊

丹後法橋官内卿
民部少輔
第百六拾七号
巻物　一巻　源氏竹内家系図
第百六拾八号
正木地面宛行事
前田肥前守利長
慶長五庚子年九月二十一日
第百六拾九号
地行宛行
源義家　庚平五壬寅年十二月十六日
第百七拾号
神宝由来記　慶長十八癸丑年十一月十五日
紀氏竹内三左エ門眞重
第百七拾壱号
御上文　安政五戊午年十一月二十五日
寺西左膳
近藤石見
第百七拾貳号
同　安政三丙辰年四月二十一日
前田飛騨守利長

第百七拾三号
同　嘉永六癸丑年五月十八日
菅原利声
第百七拾四号
義宗遺言書　応永三十六年二月十八日
第百七拾五号
棟札大古文書遺言印
深基蛮　寛永四辛未六月十三日
第百七拾六号
御上文　康平五年壬寅　六月十六日
八幡太郎　源義家
新羅三郎　源義光
第百七拾七号
遺言書
惟眞　元中六己巳年二月十一日
第百七拾八号
勅命　弥遠尊帝　天長四丁未四月二十一日
第百七拾九号
同
神聖帝　弘仁三年壬辰三月十六日
第百八拾号
御上文
八幡太郎越中守源義家
第百八拾壱号　康平七甲辰年三月二十日
同
源義仲
第百八拾貳号　治承四年庚子十一月十三日
掛軸　素行知
第百八拾参号
棟梁皇祖皇太神宮（掛軸）
美廉斯神亀三夏ラベン自
第百八拾四号
同
維城帝昌泰己未年伊矢代月十四日
第百八拾五号
同
素融帝　正応壬辰歳左奈部月三日
第百八拾六号
御綸吉ノ御箱（大）
第百八拾七号
同（小）

第百八拾八号
天自由来書
大伴帝　　　延元五年八月二日
第百八拾九号
同
同　　　康平六年十月二十六日
第百九拾号
同
第百九拾壱号
同　　　（唐南京造）
寛成南朝帝　　　依リ賜ハル
第百九拾弐号　　　元中八年十一月十九日
同
御園仁帝　　　依リ賜ハル
文禄四年子月二十六日
第百九拾参号
袈裟天目ツバ由来書
寛成帝　　　元中九年二月十日
第百九拾四号
天目由来書
方仁帝　　　依リ賜ハル

第百九拾五号　　　永禄四年二月二十六日
同　　　（黒金狭霧日月星形天ノ川形付）
成明帝　　　依リ賜ハル
康保四年正月十三日
第百九拾六号
勅命
成仁帝　　　文明三辛卯年春三月十六日
第百九拾七号
嗚嗚遺言書
源勝秀
亨緑三庚寅年四月一日
第百九拾八号
源義仲　　　命令書
寿永二年六月五日
第百九拾九号
同　　　寿永二年癸卯夏四月五日
第弐百号
御取替木取山地宛行
前田利長
慶長六辛丑年二月十八日

第弐百壱号
御上文
寺西左膳
近藤石見
安政四年丁己十六日
第弐百弐号
同
藤原謙信
天正四丙子九月朔日
第弐百参号
御袈裟箱
長慶天皇
第弐百四号
五鈴
第弐百五号
槍先（大和霊以下銘不明）
第弐百六号
同（神代文字銘入）
第弐百七号
長慶天皇御袈裟
第弐百八号
上納富久佐
上杉景勝
天正十三年己酉二月十六日
第弐百九号
綿糸縫なでしこ模様富久佐
第弐百拾号
綿糸縫梅ニ冑
二一一　仝　神籠立瓶（箱共）　壱個
二一二　仝　不合五十六代　壱個
二一三　仝　神武二代　壱個
二一四　仝　壱個
二一五　仝　不合六十九代（トヨスキノ帝）　壱個
二一六　仝　不合五十八代　壱個
二一七　仝　壱個
二一八　仝　不合七十三代伐野帝　壱個
二一九　仝　不合三十六代　壱個
二二〇　仝　後神武帝　壱個
二二一　仝　綏靖帝　壱個
二二二　仝　ホホデミ帝　壱個
二二三　仝　不合五十六代　壱個
二二四　仝　仁々杵帝　壱個
二二五　仝　ホホ出見帝　壱個
二二六　仝　壱個

二二七　仝　壱個
二二八　仝　仁々キノ帝　壱個
二二九　仝　壱個
第二三〇号　短刀七寸五分　壱振
第二三一号　短刀八寸五分　壱振
第二三二号　短刀一尺一寸四分　壱振
第二三三号　短刀　壱振
第二三四号　短刀　壱振
第二三五号　短刀　壱振
第二三六号　神寶剣　壱振
第二三七号　☆十　短刀尺四寸五分　壱振
第二三八号　古文書妙法蓮華経　壱幅
第二三九号　古文書南無妙法蓮華経　壱幅
第二四〇号　古文書日蓮上人眞讀由来　壱通
第二四一号　古文書大安寺縁起　壱巻
第二四二号　古文書妙法蓮華経　壱通
第二四三号　古文書空海書　壱巻
第二四四号　古文書　弐通
第二四五号　竹筒　壱本
第二四六号　桐箱（守札入）　壱個
第二四七号　二面鏡由来記　八枚
第二四八号　二面鏡　弐枚

第二四九号　五鈴　壱個
第二五〇号　丸鏡　壱枚
第二五一号　八咫鏡　壱枚
第二五二号　小鏡　壱枚
第二五三号　小鏡　壱枚
第二五四号　小鏡箱入　壱個
第二五五号　鈴　壱個
第二五六号　木箱　壱個
第二五七号　菊御紋章型（鋳物）　壱個
第二五八号　仝　壱個
第二五九号　仝　壱個
第二六〇号　仝　壱個
第二六一号　仝　石ニ彫刻シタルモノ（袋入）　壱個
第二六二号　茶道具（旅行用）箱入　壱組
第二六三号　仝上　壱組
第二六四号　未開封巻物　拾本
第二六五号　古文書弘法大師書　壱幅
第二六六号　謹美神功帝即位武内改竹内由来記　壱幅
第二六七号　僧謹弼漸ノ書　壱幅
第二六八号　後陽成帝宸翰（愛染明王ノ画）　壱幅
第二六九号　空海ノ薬師如来ノ画　壱幅

第二七〇号　牛ノ画　壱幅
第二七一号　両皇大神宮棟札ノ由来　壱幅
第二七二号　仝上　壱幅
第二七三号　皇祖皇太神宮神体秘伝棟札　壱幅
第二七四号　左辨官下ト題スル巻物　壱巻
第二七五号　櫛笄　拾五点
第二七六号　弊束火打金在中袋　壱個
第二七七号　布包ノ槍尻　壱本
第二七八号　太刀（五七桐文付白鞘入）　袋入　壱振
第二七九号　日本刀（黒鞘入）　越後行子作　袋入　壱振
第二八〇号　日本刀（黒鞘）　長保作　袋入　壱振
第二八一号　日本刀（黒鞘入）　無名　壱振
第二八二号　日本刀（白鞘入）　袋入　壱振
第二八三号　日本刀（黒鞘入）無銘　袋入　壱振
第二八四号　日本刀（黒鞘）　千手張作　袋入　壱振
第二八五号　日本刀　国光作　袋入　壱振
第二八六号　日本刀　寶誠寺正則作　袋入　壱振
第二八七号　日本刀　大和国保昌定　壱振
第二八八号　日本刀　大和千住陰重治　袋入　壱振
第二八九号　日本刀　大和安助　白鞘　壱振
第二九〇号　日本刀　銘柏ノ字外不明　袋入　壱振
第二九一号　日本刀　則国　壱振
第二九二号　日本刀　両作之　壱振
第二九三号　日本刀　小林伊勢守国輝　壱振
第二九四号　日本刀　（黒鞘）銘不明　袋入　壱振
第二九五号　日本刀　（黒鞘）行子作　壱振
第二九六号　日本刀　あ定　袋入　壱振
第二九七号　日本刀　備前長船　壱振
第二九八号　日本刀　白鞘　備前国助則　袋入　壱振
第二九九号　日本刀　信房作　袋入　壱振
第三〇〇号　日本刀　武河神田住金座　袋入　壱振
第三〇一号　日本刀　黒鞘栫付　壱振
第三〇二号　日本刀　黒鞘栫付　壱振
第三〇三号　日本刀　白鞘惟光　壱振
第三〇四号　日本刀　黒鞘栫付（桐紋付）　壱振
第三〇五号　日本刀　白鞘　天国　壱振
第三〇六号　槍先　壱本
第三〇七号　天目及鈴二個在中桐箱　壱個
第三〇八号　天目一、由来書一枚入桐箱　壱個
第三〇九号　天目茶碗一、由来書付桐箱　壱個
第三一〇号　天目茶碗　壱個

第三一一号　仝　壱個
第三一二号　仝　由来書付　壱個
第三一三号　仝　壱個
第三一四号　仝　壱個
第三一五号　茶碗二個在中桐箱　壱個
第三一六号　紀氏宗我遺骨桐箱入　壱個
第三一七号　鏡　壱個
第三一八号　玉入小瓶　壱個
第三一九号　矢ノ根入小瓶　壱個
第三二〇号　古銭在中小瓶　壱個
第三二一号　曲玉在中小瓶　壱個
第三二二号　分銅其他在中包　壱個
第三二三号　花瓶（小）　壱個
第三二四号　菊御紋章付菓子盆　壱個
第三二五号　菊花御紋章付鍔　壱個
第三二六号　槍尻、小釼の包　壱包
第三二七号　鯉ノ鋳物　壱個
第三二八号　大小鈴三個続き　壱連
第三二九号　古銭、刀ノ鍔　壱差
第三三〇号　尊恒帝御骨壺　壱個
第三三一号　長磨天皇御骨壺　壱個
第三三二号　飾玉四個包　壱個
第三三三号　大瓶　壱個
第三三四号　箱入瓶　壱個
第三三五号　竹内宗治遺言書在中筒　壱本
第三三六号　寛成帝御宸筆鯉二匹乃画タル幅　壱幅
第三三七号　園女書　一枚
第三三八号　神宝由来記　壱通
第三三九号　未開封ノ巻物　壱本
第三四〇号　竹内系図　壱巻
第三四一号　紀氏光頼遺言書　壱通
第三四二号　掛巻慥美畏岐卜題スル古文書　壱巻
第三四三号　摂社帝の御供通中に付死の者の神日太ノ巻　壱本
第三四四号　謹畏伎南朝両天皇御遺骨子葬塚記　壱巻
第三四五号　寛成天皇御遺骨礼　壱個
第三四六号　佛像　書熱付　壱個
第三四七号　茄型ノ鈴　壱個
第三四八号　豆型ノ鈴　壱個
第三四九号　根付　壱個
第三五〇号　神代文字木版　弐個
第三五一号　若宮八幡家棟札由来記　壱巻
第三五二号　石城高京賀城ノ由来記　壱巻

竹内巨麿

以上文献昭和二十年十一月十三日ニ受取

証明候也　昭和二十年十一月十五日

東京検事局印　山ノ内検事

（※以下は、巨麿による書き付け）

竹内巨麿

昭和二十年大日本大帝裕仁天皇皇后良子陛下心

昭和二十年八月十四日米英支蘇四国ニ対無條件降伏参ス

嗚呼残念

第三章

神とつながる神代文字と言霊の力

神代文字は日本各地に残っている

『竹内文書』の原典は「神代文字《かみよもじ》」で書かれていました。

神代文字とは、文字通りに解釈すれば「神代」の時代に使われた文字ということですが、一般的には「日本に漢字が伝来する前から存在していた日本固有の文字」という意味で用いられています。

現在の歴史学が日本最古の文献としている『古事記』や『日本書紀』といった古文献は、漢字を使って表記されています。日本最古の和歌集『万葉集』も表記に用いられているのは漢字です。

このため漢字が中国から伝来するまで日本には「文字」というものが存在していなかった、というのが現在の日本のアカデミズムの公式見解です。

でも、これは間違いです。

日本には漢字伝来以前から文字が存在していました。いえ、単に文字を持っていたというレベルの話にはとどまりません。世界中の文字のルーツはすべて日本の天皇（スメラミコト）がお作りになった神代文字なのです。『竹内文書』の存在は、そのことを証しています。

日本に神代文字が存在していたということは、何も『竹内文書』だけがいっていることではありません。ご存じない方も多いと思いますが、日本には『竹内文書』以外にも、漢字伝来以前に神代文字が存在していた証拠がたくさん残っています。

そこで、ここでは『竹内文書』だけでは信じられないという方のために、伊勢の神宮文庫に残る神代文字をご紹介しましょう。

神宮文庫というのは、伊勢神宮が所蔵する図書を整理保存している図書館です。その歴史は古く、奈良時代に文書類を保管するために内宮に作られた「文殿《ふどの》」まで遡ることができます。所蔵書の中には県や市の指定文化財になっているものがあるのはもちろんのこと、国の重要文化財になっているものも多く含まれています。

その神宮文庫に神代文字で書かれた奉納文が残っているのです。それらは神宮文庫へ行って「神代文字四部門一六三番九十九通を見せてください」と言えば、誰でも実際に見ることができました。しかし最近は、資料保存のために一切公開しなくなってしまったそうです。

神宮文庫に現存する奉納文は九十九通。奈良時代から江戸時代中期にかけてのもので、それぞれの時代に伊勢神宮を参拝した歴史的に著名な人々が納めたものです。

どのような人が納めたものかというと、『古事記』のもととなった資料を暗唱したという稗田阿礼《ひえだのあれ》、桓武天皇の五世の孫にして東国の独立を目指した平将門《たいらのまさかど》、天神様として知られる平安時代の貴族・菅原道真《すがわらのみちざね》、鎌倉幕府を開いた源頼朝《みなもとのよりとも》とその弟の源義経《よしつね》、天皇親政の復活を目指して南朝を開いた後醍醐《ごだいご》天皇など、誰もが知っている歴史上の人々が名を連ねています。

さらに言えば、神代文字を伝承しているのは神宮文庫だけでもありません。全国の古い神社の多くに神代文字で書かれたものが残っています。有名なものでは、群馬県前橋市三夜沢町にある赤城神社に残る神代文字が刻まれた石碑があります。この石碑は前橋市によって重要文化財に指定されています（昭和五十三年四月指定）。

また、熊本県上益城《かみましき》郡山都《やまと》町にある幣立《へいたて》神社には、神代文字で書かれた「日文石版」が伝わっています。

この他にも、神社のお守りや印章の文字に神代文字が用いられているものは多数あります。

神代文字の存在がなかなか認められない理由の一つは、こうした各地に残る神代文字が一種類ではないということです。神代文字にさまざまな種類があることは、後世の偽作が疑われる要因の一つともなっています。

しかし、文字は一種類のものと考えるのは、「文字」というものを情報を伝えるための道具としか考えていないからです。後に詳しく説明しますが、文字というのは、単なる情報伝達ツールではありません。文字そのものに意味があり力があるのです。そのため、たとえ同じ音を表す文字であっても、その形が変われば文字が持つ力も変わります。たとえば「あ」と「ア」

伊勢神宮神宮文庫に眠る神代文字

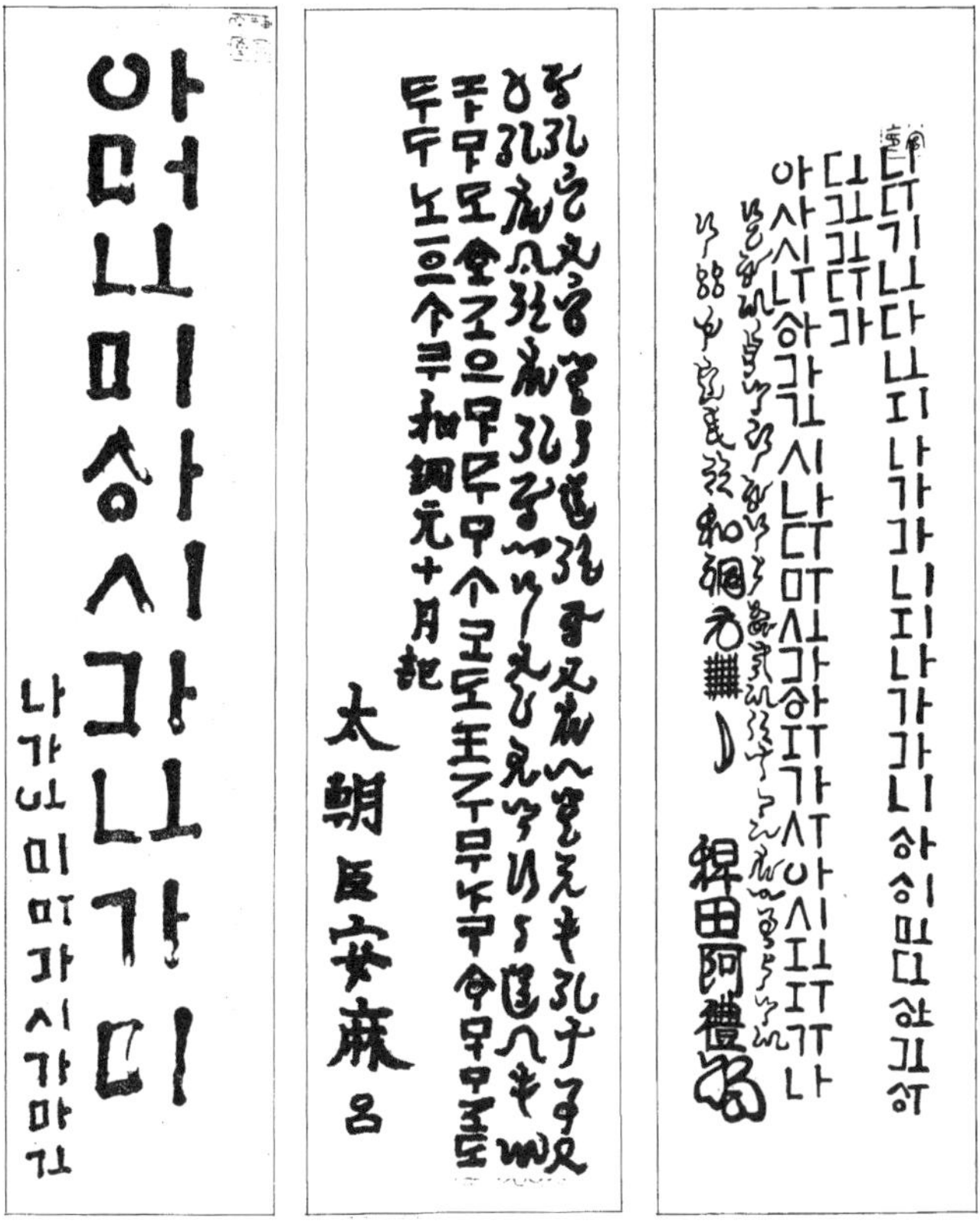

神宮文庫に保存されている、左から「中臣連鎌子」「太安万侶」「稗田阿礼」の奉納文。今は公開されていない。

（丹代貞太郎、小島末喜著『伊勢神宮の古代文字』〈1977年〉より転載）

では文字の力、働きが違うということです。

神代文字に多くの種類があるのは、それぞれの文字に異なった力があり、その力を使い分けるためなのです。

日本の神道には八百万《やおよろず》と言われるほど多くの神々が存在しています。

なぜ多くの神々が存在しているのかというと、それぞれの神ごとに異なる「働き＝力」があるからです。日本にさまざまな神代文字があるのは、実はさまざまな神がいるのと同じ理由なのです。

『竹内文書』は、数多くの神代文字を天皇自らがお作りになったと伝えています。太古の天皇は、目的や用途に合わせて、それぞれにもっともふさわしい力を持った文字を作られたのです。

神代文字が神社のお守りや印章に使われているのも、文字に力があるからです。

『竹内文書』には、太古のスメラミコトがお作りになった神代文字が多数残されています。弾圧や戦災で今では失われてしまったものもありますが、わたしが祖父の巨麿管長から聞いた話によれば、巨麿管長が確認した時点で皇祖皇太神宮には約四二〇〇種の神代文字が残されていたと言います（左の図は判読できるよう五十音に置きかえた表）。

こうした事実と照らし合わせると、日本各地でいろいろな神代文字が発見されていても何の不思議もありません。現在神社などから発見されている神代文字の種類はせいぜい十数種類、

皇祖皇太神宮に伝わる神代文字 1

《天之御中主天皇》

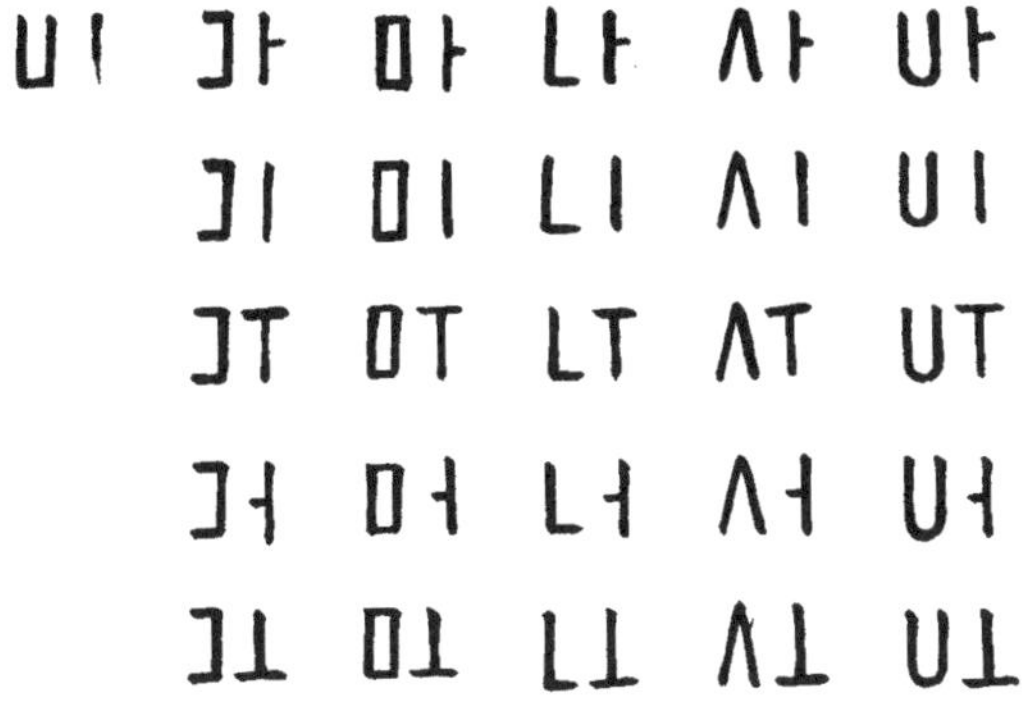

《アヒル文字》

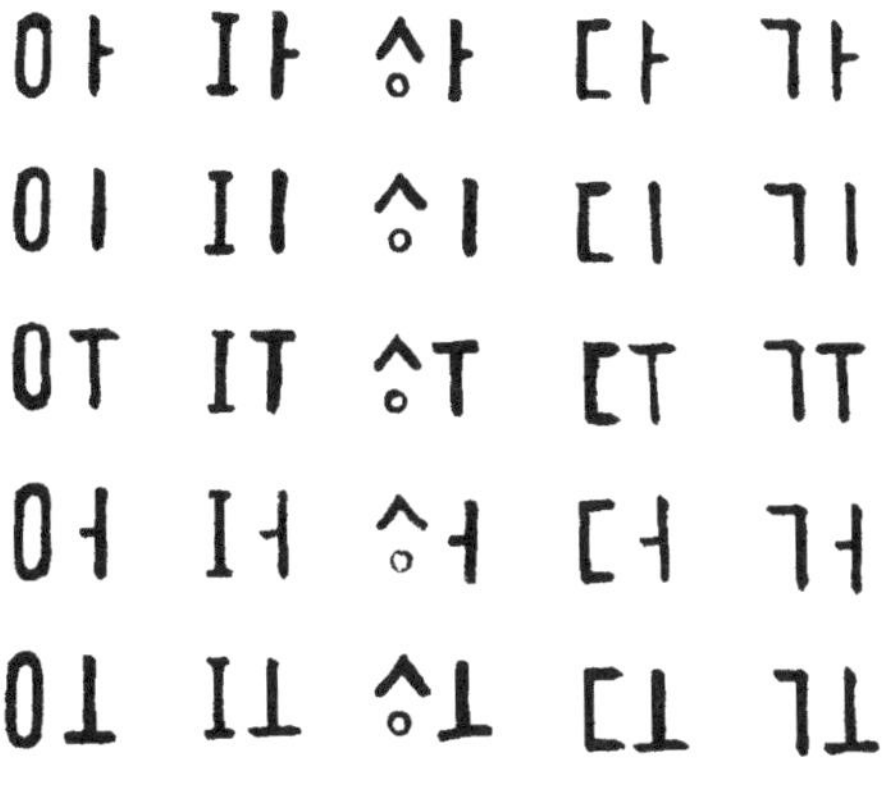

『竹内文書』の古文書には、太古のスメラミコトがお作りになった神代文字が数多く残されている。

むしろ少なすぎるぐらいです。今現在でも皇祖皇太神宮には何百種類もの神代文字が残されているので、日本各地の神社に残る神代文字は、『竹内文書』に残る神代文字と照らし合わせることによってすべて読むことができるでしょう。

わたしはこうした神代文字に関する真実は、日本国内の問題にとどまらず、世界中で古い時代の文字が発見されることによって、より明らかになっていくと思っています。

少し前ですが、平成三年七月に、佐賀県大和町の東山田一本杉遺跡から出土した弥生時代前期の甕棺《かめかん》から古代南インドの象形文字と同じ文字が発見されたというニュースをインターネットで見ました。

最初、日本人の考古学者はそれが文字だとは認識できずに見逃していたところ、たまたまその遺跡を調査に訪れたインド人考古学者ポンナムバラム・ラグパティ博士が、「これは紀元前三世紀頃まで南インドの土器に描かれていたグラフティという古代文字と同じだ」と驚きの声をあげたことで、それが文字だとわかったと言います。博士はグラフティ文字自体が未解読なので、意味はわからないと言ったそうですが、それほど古い文字であるなら、わたしはその文字が神代文字である可能性は高いと思います。そして、もし本当に神代文字であるなら、皇祖皇太神宮に残る文字と対比させることで解読も可能なのではないかと思っています。

東山田一本杉遺跡で発見された文字は、甕棺の側面にある十字に引かれた線の先端に書かれ

皇祖皇太神宮に伝わる神代文字２

《高皇産霊天皇》

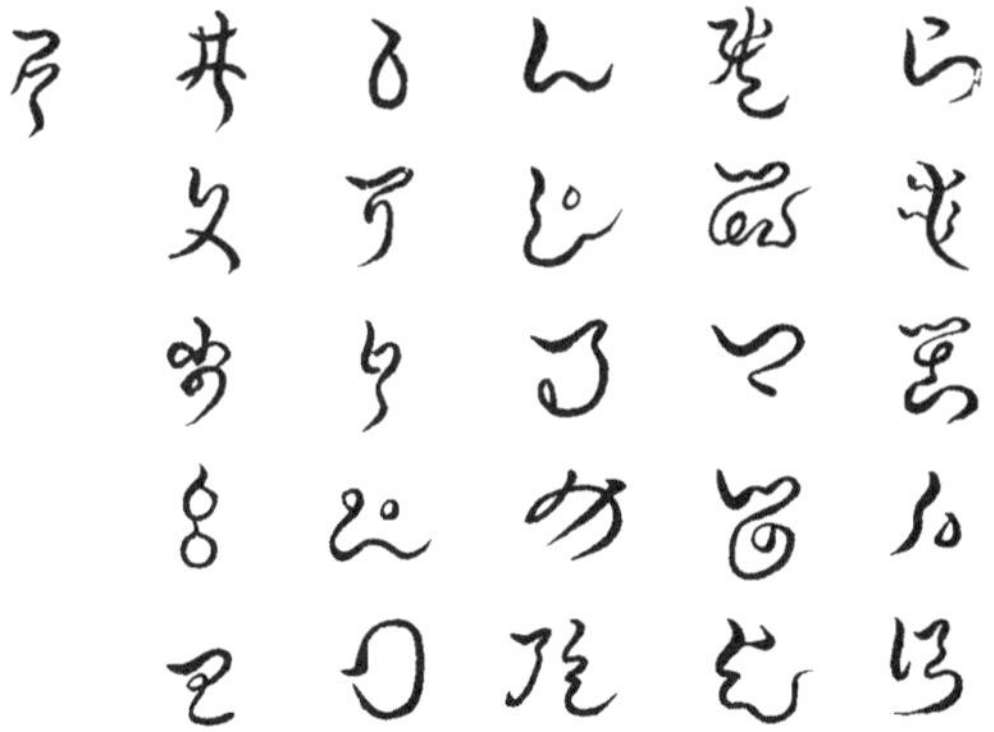

《アヒル草文字》

太古の天皇は、目的や用途に合わせて、
もっともふさわしい力をもった文字を作られた。

ていたもので、熊手状の文字だったと言いますが、残念ながらわたしは現物を見ていないので、それがどの神代文字に対応するかは現時点ではわかりません。

機会があれば、ぜひその文字を確認し、神代文字かどうか確かめてみたいと思っています。

カタカナは漢字から作られたものではない

『神代の万国史』は、文字は、もともと天皇がお作りになられるものだったとしています。戦前の記録で四二〇〇種類あったとされる神代文字はすべて、天皇の御作、または天皇の詔に基づいて作られたものです。

最初に文字が作られた記録は非常に古く、上古一代まで遡ります。

天皇即位百億十万年に御詔し、言語差別、神人神星人像形文字、像形仮名文字造り、万国形地図造り
天日万言文造主尊
天言文像形仮名造根尊　天皇の詔により神人形文字造る

（『神代の万国史』一四ページ）

最初の文字作りは、天皇の詔に基づき、文字作りを専門とする「尊（＝皇子）」によって行われたと記録されています。

この記録で重要なのは、「仮名」も一緒に作られているということです。この上古第一代の記録にある「像形仮名」というのが「カタカナ」のことです。

現在、一般的に仮名文字というのは「カタカナ」にしても「ひらがな」にしても、中国から輸入した漢字をもとに平安時代になってから作られた文字だとされています。

残念ながら「ひらがな」がいつ作られたのかは、『神代の万国史』に記録が残っていないのでわかりませんが、カタカナがこの時点で作られたということは、ひらがなより先にカタカナが作られたことだけは間違いありません。

そしてこのことから明らかになるのは、カタカナは漢字を崩すことによって作られた文字ではないということです。

カタカナは作られるときに、神代文字を崩して作られたものかもしれませんが、記録を素直に読めば、「神人神星人像形文字」と「像形仮名文字」が同時に作られていること、また両者が似ていないことから、独自の文字として作られた可能性が高いと思われます。

カタカナがこれほど古い時代に作られていたことに驚かれた方も多いことでしょう。しかし、そもそも神代文字というのは、すべて五十音に則って作られています。漢字が意味を表す「表意文字」なのに対し、神代文字はカタカナやひらがなと同じ、一文字が一音を表す「表音文字」です。そういう意味では神代文字も仮名も同じ表音文字であり、そこに大きな違いはありません。つまり、カタカナも神代文字の一つだということです。

ただし、ここで言う「像形仮名＝カタカナ」は現在わたしたちが使っているカタカナとは違っています。その理由についてわたしの父である、第六十七代・義宮管長は『神代の神代の話』の中で次のように述べています。

もっとも現行カタカナの内には漢字を崩したものがまじっていることは事実で、これは必要上の改正ではなく、唯五十音は漢文を崩して作られたものなりとの悪宣伝をするために強いて取換えたものであって改正ではなく正に改悪である。

（『神代の神代の話』二〇ページ）

現在の天皇は一代一人ですが、上古の時代というのは、一代を一人（一世）の天皇が担うのではなく、同じ名前を持つ何人もの天皇によって構成されていました。上古第一代の場合は二十一世まで記録があるので、二十一人の「天日豊本葦牙気皇主天皇」がいらしたということで

神人神星人像文字

像形文字

す。先ほどご紹介した「神人神星人像形文字」と「像形仮名文字」を作るよう詔されたのは第一世の天皇です。

上古第一代の間には、その後も四人の天皇によってそれぞれ異なる神代文字が作られたことが記録されています。

上古第一代　七世

アヒル文字

上古第一代　十世

キミ文字

上古第一代　十四世

（※名称の記述なし）

上古第一代　二十一世

アシカビ文字

　わたしたちが現在日常的に使っている文字は、漢字・カタカナ・ひらがなの三種類です。最近ではアルファベットを使った表記も増えているので四種類と言っていいかもしれません。これは世界的に見ても多い方です。

　しかし、江戸時代までは同じ漢字でも楷書と草書があり、その形が大きく違ったので、さらに文字の種類は多く複雑でした。

　わたしたちは漢字仮名交じり（時にはアルファベットも交じる）の日本語表記を当たり前のものとして、違和感なく使っていますが、こうした日本の文字の多さは世界的に見ても稀《まれ》です。英語を考えればわかりますが、アルファベットは一種類（小文字を入れても二種類）しかありません。

『竹内文書』を見ると、古代の日本には何千種類もの文字があったことになります。天皇は必要に応じてそれらの文字を使い分け、必要に応じて世界中の人々にお与えになられました。当時世界の中心だった日本には、さまざまな文字を使って書かれた文書が世界中から集まったはずです。事実、前章でご紹介したモーゼの御神宝やキリストの御神宝に使われている文字は、それぞれ異なっています。

　ということは、当時の日本人は（少なくとも天皇のお傍に仕えた人や、公の仕事をする人、そしてある程度の教養人は）、そうした何千種類もの文字の読み書きができたと考えられるのです。今も日本人が多くの文字を使い分けることができているのは、もともと多くの文字を持つ民族だったからなのかもしれません。

皇祖皇太神宮に残る文字を作るための「元図」

神代文字はすべて天皇ご自身がお作りになられたか、少なくとも天皇の命に従って作られたものです。

では、天皇はどのようにして何千種類にも及ぶ文字を作っていたのでしょう。

実は、文字を作るための「元図」と言えるものが皇祖皇太神宮には存在しているのです。

残念ながら、この元図からどのようにして文字が作られたのかなど、詳しい使い方はわかりません。もともとは使い方が書かれた古文書もあったのだと思いますが、現在それらの文献の行方はわかりません。何度も繰り返された弾圧によって失われてしまったのかもしれません。

しかし、祖父の代にその元図を研究した資料が、今に伝わっています。

その資料の名は『神字起源解』。高畠康明氏による昭和六年十月発行の冊子です。昭和六年というと、ピラミッドの研究に精魂を込めた酒井勝軍氏や、キリストの研究に身を尽くした山根キク氏などが熱心に研究されていた時期とも重なります。おそらくこの時期、巨麿管長は、膨大な文献を一人では深く検証しきれないので、それぞれ分野ごとに、いわば主任研究員のような形で、皇祖皇太神宮に参詣した研究者の中から、見込んだ人物に検証を依頼していたのかもしれません。

だとしたら、そのおかげでさまざまな貴重な資料が生き残ったのですから、そこには何らかの形で神の意志というものが関わっていたのかもしれません。

話を戻しましょう。

この『神字起源解』の中に、「文字起源之図書なり」と書かれた図版があります。その図はこの時代の本としては、実に驚くべきことなのですが、フルカラーで書かれています。なぜこの部分だけカラーなのかというと、神宮に残る元図がカラーだったからです。恐らく、文字を作るには、何らかの形で「色霊《いろだま》（色の持つ力）」が必要不可欠だったのでしょう。

神代文字は、この図形を基に、「父音」と「母音」の組み合わせによって作られたと推察できます。

この図の脇には、そのことを暗示する次のような言葉が記されています。

天地の運行と四時三則一成からなる

宇宙及太陽、月及星ニ基ヅキ太陽光線ノ日向

日陰ノ関係ニヨリ組織サレタルモノニテ世界文字ノ基本
根源図ナリ　即チ或ユル世界文字ハ何レモ此ノ
源字ヨリ発生セルモノナリ　（アヒル文字、縦横ノ線ヨリ
起ル関係ニ付　本文参照ノ事）

すべての文字がこの図から作られたとはっきり記されています。

しかし、この本には、先の図とは別にもう一つ【「像形文字ノ源」の図】と書かれた同じくフルカラーの図版が掲載されています。

そして、そこには次のように記されています。

是図ハ像形文字ノ字源ナリトス　即チ陰陽
媾合ノ始メニシテ
其内外ノ活動スル情像自然ニ言霊ノ起源ト
ナリテ
形ヲ示スモノナリ。父母音トハ情味ノ意ニ
シテ　スソシセサノ3音字ハ

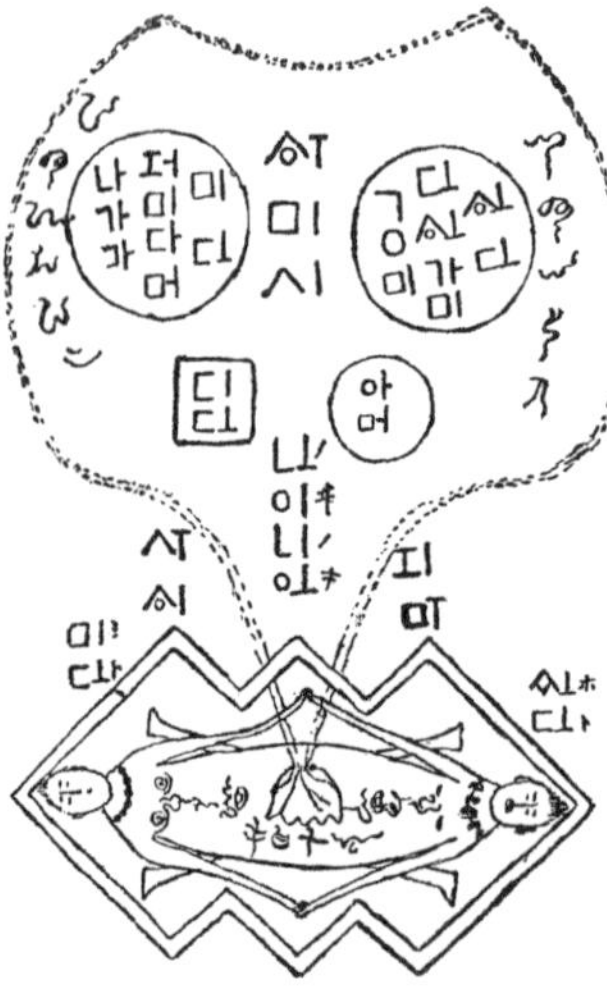

「像形文字ノ源」の図（一部）

森羅万象ヲ傅フ一切ノ言霊ノ根源ナリ。

こちらの図には「母字」と「父字」の組み合わせによって文字が作られたことを示す図版も添えられています。おそらくこの図は悪用されないように、別に「使い方」のマニュアルがあったのだと思われます。そしてこの図とマニュアルは別々に保管され、二つが合わさって初めて文字作りが可能になるよう、セキュリティが掛けられていたのではないでしょうか。

では、皇祖皇太神宮に伝わっていない「使い方のマニュアル」はどこにあるのでしょう。現存している可能性があるとすれば、それは一カ所しか考えられません。

そうです。文字をお作りになる権限を持っていた天皇の御許《おもと》です。

もしかしたら、今も宮内庁のどこかに、あるいは天皇家の氏神である伊勢・皇大神宮の宝物の中に、それは残されているのかもしれません。

皇祖皇太神宮では、「神宝というものは、それを必要とする時が至れば、たとえ一時は失われてしまったように見えても、再びあるべき場所に戻ってくる」と言い伝えられています。

昭和の大弾圧で多くの御神宝が失われましたが、実を言えば、御神宝が焼失していくところをつぶさに見ていた人がいるわけではありません。皇祖皇太神宮としては、「大審院の倉庫が空襲で焼けてしまったので、返却できるものはこれだけです」と言われただけです。

本当にこれから後の世で必要となる「御神宝」は、もしかしたら、ひっそりとどこかでその「時」を待っているのかもしれません。

「お守り」の文字には力が宿っている

今は忘れられてしまっていますが、「文字」には力があります。

そして、このことこそが天皇がさまざまな文字をお作りになった理由です。

『竹内文書』に基づけば何千種類もあったとされる神代文字ですが、皇祖皇太神宮においてでさえ現存するものはその十分の一程度です。伊勢の神宮文庫に神代文字が残されていますが、その種類はさらに少なく十種に満たないのではないでしょうか。

そうした厳しい現実の中で、細々とではありますが受け継がれてきたのが、全国の神社に残る神代文字です。

神社に神代文字が残っているといっても、多くの方はピンと来ないかもしれません。でもそれも無理のないことです。なぜなら、神社で最も神代文字が使われているのは、「お札」や「お守り」だからです。

わたしたちがお守りと言ったとき、イメージするのはきれいな錦の布を小さな巾着状《きんちゃくじょう》にしたものです。ひもがついているので、小学生のときにそのひもを使ってランドセルにお守りをぶら下げていたという人も多いことでしょう。

皇祖皇太神宮でもこうした形のお守りを希望される方にお分けしています。

でも、あの小さくきれいな巾着袋が「お守り」なのではありません。あの巾着袋は単なる入れ物に過ぎません。大切なのはその巾着の中に納められた「お守り札」です。そして、そのお守り札に用いられているのが神代文字なのです。

あの袋の中にお札が入っていることは多くの方がご存じだと思いますが、袋を開けてそのお札を見たという人は少ないのではないでしょうか。

お守りは中を見てしまうとその力が失われてしまうと言われているからです。子供の頃にお守りの中身が気になって、中を見ようとして親に叱られた方もいるのではないでしょうか。

巾着を開けて見なければわからないところに使われているので、多くの人がお守りに「神代文字」が使われていることに気づかなかったのです。

ではなぜお守りの中身を見てはいけない、とされているのでしょう。

人目に触れると効力がなくなるという人もいますが、本当に神気の宿ったお守りであれば、それぐらいのことで力が失われることはありません。お守りを開けて見てはいけないというのは、「神気の宿ったものを大切に扱う」という気持ちの表われではないでしょうか。

お守りの中の「お守り札」は、見ようによっては木か紙でできた札に文字が書かれているだけ、と言う人もいるかもしれません。しかし、文字には力があり、その力は「文字」そのものが持っているものです。文字をみだりに使うことは、文字の持つ力をいたずらに使うことに他なりません。

たとえるなら、文字は刃物と同じです。

刃物はきちんとした使い方をすれば、美味しい料理を生み出したり、美しい形を作り出したり、時には外科手術に用いることで人の命を救うことさえできます。しかし、悪人が使えば凶器になり、人の命をも奪いかねない危険なものになります。文字も刃物同様正しく使うには、知性と理性が必要なのです。


お守りと言えば、実際次のようなことがありました。

それは太平洋戦争の最中のことです。わたしの父、先代の竹内義宮管長は召集され、戦地に赴くことになりました。そんな父に、祖父・巨麿管長は自ら作ったお守りを持たせました。

そのお守りは「軍千兆勝神萬害禍消除」というお守りなのですが、ごくわかりやすく言うと戦地から「生きて帰ってくる」お守りだったのです。

天地和合の御守（天日豊本葦牙気皇天皇御作）

（図は『神代の万国史』より）

実はこのお守りを祖父が出したのは、父のときが初めてではありません。最初にこのお守りを出したのは、第一次世界大戦のときに、磯原から出征する人たちに持たせるためでした。巨麿管長は、「皇祖皇太神宮のある磯原の人々の中から戦死者を出してはいけない」と言って、このお守りを作ったそうです。

実際、このときお守りを持って出征した村の若者は、全員生きて戦場から帰ってきたそうです。そのため、当時「皇祖皇太神宮のお守りを持っていると生きて帰ってこられる」という評判がすごい勢いで広まり、全国から人が集まり、神宮の信者数は一気に十万人にまでふくれあがったと言います。

しかし、第二次世界大戦のときは、神宮が激しい弾圧にさらされていたため、この「生きて帰ってくるお守り」を持って戦地へ赴いた人は、父の他には数えるほどしかいませんでした。

このときもお守りを持って行った人は、大変な目に遭った人はいても、全員生還しています。実際、父・義宮管長も、まさに九死に一生を得たといえるギリギリの状態の中ではありましたが生還しました。

父は、召集され特務機関に配属されたため、戦場でもかなり危険な場所に単独で乗り込むような任務を命じられることがありました。そして、日本が追い詰められていた昭和十九年十二月、父は戦場で首を撃たれ重傷を負います。

でも、このとき重傷で済んだのがすでに奇跡でした。そのことは父の首筋に残る傷跡を見たとき、戦争体験のないわたしにもわかりました。何しろ父が撃たれた位置は少しずれれば頸動脈《けいどうみゃく》という、とても危うい場所だったからです。

さらに幸運なことに、父は撃たれたとき、近くに軍医がいたおかげですぐに手当てを受けることができました。

治療を受け、何とか一命を取り留めた父は、年が改まるとすぐに激戦地から朝鮮半島への転属を命じられました。日本が戦争に負けたのは、その年の八月です。もしも、あのとき父がケガをしていなかったら、そのまま激戦地に残ることになり、おそらく命を失っていたことでしょう。

撃たれてもギリギリのところで救われ、すぐに治療を受けることができ、また、激戦地から比較的安全な場所に転属になるという、いくつもの幸運が重なり、父は生きて日本に帰ってきたのです。

祖父は無事に戻ってきた父に何も言わなかったそうですが、父は自分が生きて帰ってこられたのは祖父が持たせてくれた「お守り」のおかげだと感謝したと言います。

あの戦争で父が亡くなっていたら、当然私も存在していません。そういう意味では、今のわたしがあるのも祖父のお守りが父の命を守ってくれたおかげなのです。

●神代文字の組み合わせで発揮できるパワー

神代文字にはすべて異なるパワーがあります。ですから、その文字を組み合わせることによって、その力も千変万化、どのようなパワーを込めることも可能です。

現在多くの神社で配布されているお守りは、いわば型通りの「万人向け」のお守りです。

でも、神官が神代文字のパワーをきちんと理解してそれを組み合わせることができた時代は、その人その人の悩みやお願い事に即した「オーダーメイド」のお守りが作られていたのだと思います。

たとえば、同じ良縁成就のお守りでも、本当の意味での「良縁」は人によって違います。でも、おそらく一般的な良縁成就のお守りは異性とのご縁を結ぶというものであって、その人がどのような人かというところまで斟酌《しんしゃく》するパワーはないと思われます。自分はどのような人と結ばれたいのか、家庭を守ってくれる人がいいのか、外でばりばり働いて稼いでくれる人がいいのか、社交的で周囲の人々と楽しい関係を築くことができる人がいいのか、そうした本人にとっての「良縁」をピンポイントで結ぶことができれば、それはかけがえのないお守りとなることでしょう。

同様に、商売繁盛も、ただ忙しく儲かるのではなく、会社を大きく発展させたいのか、会社の規模は小さくてもいい仕事ができる環境にしたいのか、トラブルもなく信頼される会社がいいのか、やはり描く理想はそれぞれ違います。

本来の神代文字には、そうしたきめ細やかな、ピンポイントでその人の願いを叶えるお守りを作る力があるのです。

残念ですが、今は神代文字を伝えている神社でも、その意味やパワーを正しく理解し、使いこなすことができる神職はほとんどいないのではないかと思います。

幸い皇祖皇太神宮には神代文字の意味や働き、秘めたるパワーも理解できる形で伝わっています。ですから、巨麿管長が作ったようなオーダーメイドのお守りを作ることが今もできます。

失われつつある神代文字と、その正しい使い方を次の世に伝え残していくことも、皇祖皇太神宮の神主であるわたしの大切な務めだと思っています。

『古事記』の基となった「旧辞」「本辞」は神代文字で記されていた

皆さんは田多井四郎治《ただいしろうじ》という人をご存じでしょうか？

すぐに思い出された方は、本書をかなり真剣に読んでくださっている方です。

そう、皇祖皇太神宮が不敬罪に問われたとき、弁護人を務めた三人の中の一人です。

日本弁護士会理事長であり日本神代文化研究所理事でもあった田多井氏は、昭和十三年に

『日本神代文字論』という論文をお出しになっているほど、神代文字の研究に真摯に取り組まれていた方でした。

そんな田多井氏は、古代においてコトバの記号を文字とは言わなかった、と述べていらっしゃいます。では、文字とは言わずなんと言ったのでしょう。

答えは「ナ」です。

そのことから「かな」は「仮名」ではなく、漢字を当てるなら「神名」とするべきだと主張されています。そして、『古事記』の序文に出てくる「旧辞」や「帝紀」「本辞」というのは口伝《くでん》ではなく、「ナ＝文字」で書かれた文書であり、その表記に用いられた「ナ」こそ神代文字であると論じられました。


ここに天皇詔のりたまひしく、「朕《ちん》聞きたまへらく、『諸家の賫《もた》る帝紀及び本辭、既に正実に違ひ、多く虚偽を加ふ。』といへり。今の時に當《あ》たりて、其の失《あやまり》を改めずば、未だ幾年をも経ずして其の旨滅びなむとす。これすなはち、邦家の経緯、王化の鴻基《こうき》なり。故《かれ》これ、帝紀を撰録し、旧辭を討覈《とうかく》して、偽りを削り實を定めて、後葉《のちのよ》に流《つた》へむと欲《おも》ふ。

（『古事記』序第二段より）

この『古事記』の序を素直に読めば、『古事記』以前に、すでに古くから伝わっていた文献が日本に複数存在していたことは明らかです。

ところが、同序文の続きに「（稗田）阿礼に勅語して、帝皇日継《すめらみことのひつぎ》及び先代旧辞《さきつのよのふること》を誦《よ》み習《なら》はしめたまひき」とあるため、「帝紀」、「本辞」、「旧辞」という古文献を、この時代には文字がなかったはずだから口伝だったものを暗唱させ、それを漢字で書き留めたのだろう、としてしまったのです。

日本に漢字伝来以前から文字があったことは『日本書紀』にも書かれています。

欽明《きんめい》天皇二年三月の条の注に次のように記されています。

> 帝王本紀に多に古き字ども有りて、撰集《えらびさだ》むる人、屢《しばしば》遷《うつ》り易《か》わることを経たり。後の人習《なら》ひ読む時、意《こころ》を以て刊《けず》り改む。伝え写すこと既に多にして、遂に舛雑《たがいにまよう》ことを致す。前後次《さきのちついで》を失ひて、兄弟参差《かたたがひ》なり。
>
> （『日本書紀』巻十九より）

この記述も素直に読めば『日本書紀』が作られる以前に、「古い字」で書かれた「帝王本紀」

という文書があったということになります。そして、日本書紀が作られた頃には、すでにそれも原文のままではなく、何度も何度も書き写された後のものなので、いろいろと間違っている部分ができてしまっている、と言っているのです。

前述しましたが、わたしは『古事記』や『日本書紀』は、皇祖皇太神宮に伝わる古文献を基に、時の為政者によって改ざんされたものだと考えています。その上でこの文章を読むと、この文章は改ざんの言い訳をしているように感じられてなりません。

つまり、『日本書紀』は、神代文字で書かれた「帝王本紀」（これは『竹内文書』の天皇についての記録のことと思われる）を基にしているけれど、それはすでに何度も書き写されて間違いの多いものとなってしまっている――、だから、もともとの記録と違っている部分があっても仕方がないことなんだ、という「言い訳」です。

さらに『日本書紀』（巻二十九）には、天武《てんむ》天皇の十一年三月丙午に「境部連石積等に命じて、更に肇て新字一部三十四巻を俾造」とあり、天武天皇が新しい文字を作らせたと記しているのです。

隠そうとしても真実というのは漏れ出てしまうものです。

『古事記』を書いた人々も、『日本書紀』を書いた人々も、もとになった資料がどのようなものであったのか知っていたはずです。そして、権力者に言われるがままに改ざんしたものの、改ざんを指摘されなかった部分があったのかもしれません。あるいは、書き手が良心の呵責《かしゃく》から後世に少しでも真実が伝わるように工夫したのかもしれません。

いずれにしても、『古事記』も『日本書紀』も素直に読めば、漢字伝来以前から日本に文書記録が存在していたことがはっきりと記されているのです。

文字の力、言葉の力

最近、言葉を大切にしない人が増えてきています。

相次ぐ政治家の失言などは、まさにその悪い手本と言えるでしょう。

政治家の失言騒動からわたしたちが学ぶべきことは、一度口から出てしまった言葉は、撤回しますと言おうが、忘れてくださいと言おうが、決してなかったものにはならないということです。それどころか、言葉は独り歩きをして、言った本人からすれば「そんなつもりではなかったのに……」と思うほど大きな問題に発展してしまうことも少なくありません。

そうなってから、自分の言動がいかに軽率だったのか嘆いても後の祭りです。

人が言葉を大切にしないのは、言葉にパワーがあることを忘れてしまっているからです。

言葉にパワーがあるのは、言葉に魂があるからです。この言葉の魂が発する力を「言霊《ことだま》」と言います。

多くの人は「言霊」の存在を知らずに言葉を使っています。でも、その人が知っていようがいまいが、言霊の力はその言葉が発せられた瞬間に発動してさまざまな影響をもたらしています。

ここで注意しなければならないのは、言霊は、言葉を使う人の心に共鳴して「パワー」を発揮するということです。

どういうことか、簡単な例をご紹介しましょう。

たとえば、何か頼まれ事をされたとき、文字にすると同じように「はい」と答えたとしても、その人が「いやだな」「面倒くさいな」という思いを持ちながら言った「はい」と、心から相手の人を助けてあげようと思って快く言った「はい」とでは、自ずと違った声になり、その違いは相手に異なった印象を与えます。口では「はい」と言っているけれど、本当は絶対に納得していないな、人と会話をしていてそう感じたことは皆さんもご経験があることだと思います。

逆に、言葉は少ないけれど、この人は誠実な人だな、と感じることもあります。

つまり、言葉というのは、使う人の魂から発せられる響きと、言葉そのものが持つ響きが影響し合った「パワー」を持つ、ということです。

先ほどの例でいえば、心では不満を持っているのに、「はい」という素直な言葉を使ったために、響きがうまく共鳴し合えず、音でたとえるなら耳障《みみざわ》りな不協和音として相手に届いてしまいます。

ですから、言霊というのは、単に言葉に魂があり、力があるというだけのことではないのです。言葉は人が発するものである以上、その人の心と不可分の力なのです。

わたしの勉強会には、いろいろな方が来てくださっていますが、その中にボイストレーナーをしていらっしゃる方がいます。彼女はこの言霊の話にとても感銘してくださいました。なぜなら、普段から同じようなことを痛感していらしたというのです。

彼女は歌手の人に発声法や歌い方の指導をしているのですが、文字や言葉を大切にしない歌手は、どんなに技術的に優れていても絶対に人の心を動かすことはできないと言い、次のような説明をされました。

「文字を大切にしないということは、言葉を大切にしないこと。言葉を大切にしないと意味がわからないから人には伝わらない」

まさにその通りです。

ですからこの方は、歌手がどのくらい言葉を理解しているかによって、どこまで売れるかわかるとも言っていました。

言葉を発するということは、それによって、ダイレクトに相手の魂に波動を投げかけることなのです。

言葉の意味をきちんと理解して、その言葉にふさわしい感情でその言葉を発して初めてその言葉が持つ本来の意味が相手の魂に届くのです。

人を感動させることができる歌手というのは、必ずしも技術的に優れた歌手ではありません。自分の魂と言葉を響かせることで、言葉そのものが持つ言霊の力を増幅させたり、相手が素直にその響きを受け取れるような波動にしてあげることのできる人なのです。

言葉だけを見ると、同じことを言っているのに、なぜか心に響く人と響かない人がいます。あの人の言うことだと、なぜか素直に聞けると不思議なものを感じている人は多いことでしょう。

それこそが、言霊とは単なる言葉だけが持つ力ではなく、それを使う人の魂と響き合っていることの証だとわたしは思います。

そういう意味では、政治家の失言は、やはりその人の本性が表れたものなのだと言えます。どのような「つもり」でその言葉を使ったのかは、言葉が相手に届いたときに、相手は魂で受け取っています。

言葉の意味は言霊の波動によって変わります。

あなたの口から発せられた言霊の波動は、相手の人の耳から入り、その人の魂に問いかけます。

ボイストレーナーの人は、「歌手は言葉を大切にしなければならない。そのためには教えるわたし自身が言葉を大切にしなければいけないと、いつも気をつけています」とおっしゃっていました。

言葉を大切にしない人が増えている中で、このように考え、言葉の大切さを教えてくれている方がいたことにわたしはとても嬉しくなりました。

日本人の魂は日本語でこそ共鳴する

太古の昔、スメラミコトがさまざまな文字を作りお授けになったのは、文字に力があるからです。

言霊のパワーが、その言葉をどのような気持ちで発するかによって変わってくるように、文字も、その言葉をどのような文字を使って表記するかで、パワーが変化します。

太古、スメラミコトは世界中を巡幸されています。

世界は広く、環境も実にさまざまです。そうした異なる環境で人々がそれぞれ幸せに生きていくためには何が必要なのか、おそらくスメラミコトはそういうことを深くお考えになった末に、それぞれの人が「使うことで幸せになれるような文字」をお授けになったのだと思います。

どういうことか、もう少し詳しく説明しましょう。

たとえば、寒い所で生活するには暖を取るための火が必要です。そこで、寒い地域で生活する人たちには、火に感謝することができる文字をお与えになり、逆に暖かいところで生活する人には、熱気を冷ます恵みの雨に感謝できるような文字をお与えになる、といったことをなさったのです。

多くの人は忘れてしまっていますが、世界中の人々には、すでに「幸せに生きていくために必要なもの」はすべて神から与えられているのです。

一見、地域によって格差があるように見えるかもしれませんが、それは、地域や気候など、環境に偏りがあるからなのです。

寒い土地で寒さを嘆いている限り、その人は幸せにはなれません。それよりは寒いところにいるからこそ強く感じられる火の暖かさ、ありがたさに感謝することで幸せな日々を送ることができるようになっているからです。

無いものを欲しがっているばかりではなく、まずは、今の自分に与えられているものに感謝することで、人は「幸せな人生の基本」を築くことができるのです。

今、自分が手にしているものに感謝できるようになったら、次のステップは、それを持っていない人々に自分の幸せを分け与えることです。そのとき、相手から与えられる感謝が、あなたの人生をより豊かなものにしてくれます。

人間は不完全な存在です。

だからこそ互いに助け合うことが必要だし、助け合うことで「完全な幸せ」を手にすることができるようになるのです。

これは人も国も世界も宇宙も、すべて同じだとわたしは思います。

助け合い、補い合うためにわたしたちは不完全なものとして生まれてきたのです。

これは単に物質だけのことではありません。心の面でも言えることです。不満に目を向けるのではなく、今与えられているものに感謝することができれば、そこでの生活は幸せなものになります。

そういう意味で、スメラミコトは、それぞれの土地の人々が「その土地にいるからこそ感謝できる文字」を授けられたのだと思います。

そういうことを考えたとき、わたしは今の日本が必要以上に英語偏重に推移していることに危惧を覚えます。

社内公用語を英語にする企業が増えてきたり、また日本語すら充分に意味を理解できていない小学生に英語を教えたり。確かにグローバル化が進む現代社会で生きていくためには、英語ができると便利ですし、ビジネスの世界でも有利でしょう。

でも、自分に与えられた言葉を手放すということは、日本人としてとても大切なものを手放す危険を秘めているということも、知っておいていただきたいと思います。

まずは、日本人は日本の言葉と文字を大事にすべきだとわたしは思います。

先に述べた通り、**言葉は魂と一体化して使われます。日本人の魂は日本語を使ったときに、最も美しく共鳴し合い、人の心を動かす波動を生み出すことができるものなのです。**

もちろん、こういう時代ですから、英語を勉強するのもいいと思いますし、フランス語やドイツ語など他の国の言葉を勉強することもいいことだと思います。でも、そのステップに進む前に、まずは日本人として、日本語をもっと大切にして、きちんと使うすべを身につけておくことが必要だと言いたいのです。

言霊は日本語だけにあるわけではありません。英語にもフランス語にも、世界中のどんな言葉にも言霊はあり、その言葉を母国語とする人の魂と密接に関係しています。

だからアメリカ人が「ベースボール」と言うのと、日本人が「ベースボール」と言うのでは、そこに生まれる波動はやはり少し違うのです。

波動が違うということは、相手の心に伝わる波動が違うということです。ですから、日本人が日本語を使わなくなるというのは、日本人が日本語を使ったときにのみ生まれうる言霊を捨てしまうということなのです。

今のように言葉を大切にできずに、不協和音ばかりが伝わるのも問題ですが、言霊そのものを手放してしまうのはもっと大きな問題です。

外国語を学ぶ人は、母国語は母国語として大事にした上で学ぶということを忘れないでいただきたいと思います。

母国語には、母国語でなければ生み出せない言霊のパワー（波動）があります。

ぜひ、「母国語の魂」を大切にしていただきたいと思います。

音霊、数霊、色霊の力で現実が生み出されている

言葉には「言霊」があります。

それと同じように、音には「音霊《おとだま》」、数には「数霊《かずだま》」、色には「色霊《いろだま》」というものがそれぞれ備わっています。

数霊、音霊など、神道的な表現を用いると何やら宗教的で怪しいと思われるかもしれませんが、実はこうした力を哲学的に読み解いたのが、ソシュールやパースが説いた「記号論」なのではないかとわたしは思っています。

今から三十年ほど前でしょうか、わたしがまだ会社員だった頃ですが、「記号論」がとても流行った時期がありました。そのときわたしは某企業でマーケティングを担当していたので、こういう言葉が流行する背景にはこのような意味があるとか、こういう色が好まれるときはこういう現象が起きやすいというようなことを、記号論をベースによく説明していました。

それはある意味最先端の情報分析だったのですが、神道を知っていたわたしには、記号論は言霊の現代的解釈に過ぎないように思えたのです。

事実、言葉には言霊があるので、流行語のように、ある言葉が流行ったり、あるいは新しい言葉が生まれたりするときは、その言葉が持つ「言霊」にふさわしい現象が起きてきます。

たとえば、女子高生言葉というものがあります。今では一般的な言葉となった「ヤバイ」とか「チョー○○」とか、言葉の頭文字だけをとった「KY（空気読めない）」など。

こうした女子高生の間だけで使われていた言葉が、やがて一般的になっていく。すると、実は世界も変化していくのです。どういうことかというと、女子高生の社会の中で起きていたようなことが、日本の社会全体で起きてくるようになるのです。

ですから、どのような言葉を使うのかということは実はとても大事なことなのです。

言葉だとわかりにくいかもしれませんが、白い服が流行ると景気が良くなるとか、ミニスカートが流行ると不景気になるというのは、昔からよく言われていることなので、皆さんもご存じだと思います。

現在こうしたことが言われているのは、いわば調査した結果わかった「後付け」ですが、本当は「色霊」や「数霊」「言霊」などさまざまな目に見えない力によって現実が生み出された結果なのです。

色霊で言うと、「白」には「ゼロからの出発」という力があります。

これはあくまでも「白紙のような状態」なので、いいも悪いもありません。その後、良くなっていけば発展していく兆《きざ》しになりますが、悪く変化するときには最初の躓《つまず》きにもなり得るのです。だから、「白紙状態」という言葉には良い意味も悪い意味も含まれているのです。

そう考えて現実の世界を見ていると、同じ「白」が流行ると言っても、「白い服」が流行っているのか、「白物家電」が流行っているのか、「美白」が流行っているのか、白い食べ物が流行っているのか、時代によって千差万別であることがわかります。「物」そのものが持つ力に白という色が持つ「ゼロからの出発」という力が結びつくことで、世界の動きにも違いが生まれてくるのです。

ちなみに神道では神職の衣などに「白」を利用しますが、これは神道が人の魂を善し悪しではなく、汚れを取り除いた状態、つまり「ゼロ」の状態にすることを大切にしているからです。

色にこうした力が秘められているように、言葉にも文字にも、すべてそれぞれに意味と力があります。

たとえば、「あいうえお」という「言葉（音）」にもそれぞれパワーがあります。

「あ」は、すべてのものが現れる兆しであることから、物事が生じたり、何か事象が起きる兆しというパワーを持っています。

「い」は、日の光を受けて、万物が生育していく力と現象を意味することから、力強く盛んに育成する力を持っています。

「う」は、活気があり、上の方に浮かび上がるという意味を持っています。しかし、それと同時に、「う」には、上から押さえられるという意味も持っています。そういう意味では、成長しつつも、地面に押しとどめられ、まだ芽を出し切れない状態ながら、上を目指すパワーを持っていると言えるでしょう。

「え」は、活気、動き、浮かび上がるという意味を持つので、幸運を得る兆しを読み取ることができます。

「お」も上に上がる力を持っているのですが、これは水蒸気が上っていくときの元の兆しという意味を持っているので、力強さはあるのですが、スピード感はありません。徐々に徐々に上っていく、ゆっくりですが力強さを持ったパワーを秘めています。

同じ「あいうえお」でも、文字の起源からみると、また違う意味が備わっています。

「あ」という文字には、「世の中で自然な働きができる」力があり。

「い」には、「世の中で自然に生きる人間でいる」力があります。

「う」には「人間の命」、

「え」は「人間の世の中での働き」、

「お」は「世の中での働きを授かる」力があるとされています。

これは「あいうえお」という文字の中でも最も根源的な意味であり力であるので、文字が変われば、当然、その力も変わってきます。ひらがなで書くか、カタカナで書くか、漢字を使うか、神代文字を使うか。同じ言葉（音）でもどの文字を使うかで、文字から放たれる力は違ったものになるのです。

しかし、だからこそ、どのような文字を使うかによって、さまざまな力を持つお守りを作ることが可能になるのです。

●『竹内文書』が説く「魂」「霊」

ここまで詳しく言霊の説明をしたのは、『竹内文書』の世界を正しく理解し、活用するためには、その背景にある精神世界を知ることがとても大切だからです。

『竹内文書』の世界では、「心」は「魂《たましい》」または「霊《たましい》」といいます。現代国語的な意味では、これらはほぼ同じ意味を持っていると言えますが、文字が違うということは、そこにある霊的なパワーも違いがあるということです。

また、単純に「魂」とか「霊」と言われているものの実相も、皆さんが思っているより少し複雑です。

霊は、「和霊《にぎみたま》」「幸霊《さきみたま》」「奇霊《くしみたま》」「荒霊《あらみたま》」という四つの特性を持つ霊《たましい》の集合体です。

皆さんも日々感じていることと思いますが、人の心というのは常に一定ではありません。普段は凄く温和で優しい人なのに、時として人が変わったかのように荒々しい面を見せることもあります。同じ人物が時に応じてさまざまな表情、性格を見せるのは、四種の霊を持っているからなのです。

テレビのニュースなどで、よく関係者が「あんないい人が、そんな恐ろしい事件を起こすなんて」と当惑気味にコメントをしているのを見ることがありますが、人というのはどのような人でも、もともと「裏表」どころか、四つの顔を持っているものなのです。

しかもこの四つの面は、四面がぱっぱっと切り替わるというものではありません、常に四つの面が、グラデーションを成すように存在しているのです。つまり、四色の絵の具が常に混ざり合った状態にあるのです。そして時にはこの色が強く、また別の時には違う色が強く表れているという状態をイメージしていただくとわかりやすいかもしれません。

もちろん、凶悪な事件などの場合には、悪い「魔」に憑《つ》かれてしまっていることもあります。魔については後でまた説明しますが、ここでは「魂・霊」は常に一様ではない、ということだけ覚えておいてください。

先ほど言葉のお話をしたときに、言葉は人が使うものである以上、その言葉を使う人の心が言霊に影響を与えると言いました。同じように、音霊や数霊、色霊や形霊などを用いるときも、その人がどのような心の状態にあるかで、そのパワーは違ったものになります。

さらに、その人の「心」が、基本的な状態であったとしても、心には四種類の面が含まれているため、その組み合わせによって生まれる力であり波動でもある「パワー」は無限の違いを見せることになるのです。

言葉とは、その言葉を使う人によって生み出された「パワー」とともに相手に届きます。言葉は生き物だ、とか、言葉の力ということが言われますが、それは事実なのです。

自分の使っている言葉は単なる情報伝達のためのツールではなく、人を勇気づけることも傷つけることもできる「力」を持っているということを忘れず、言葉を大切に扱っていただきたいと思います。

『竹内文書』の神名に込められた意味

『神代の万国史』天神第一代の最初に記されているのは、親神様のお名前です。

元無極躰主王大御神

『神代の万国史』では漢字で表記されていますが、この神名は「むとふみくらいぬしの　おおみかみ」とお読みいたします。

この神名「むとふみくらいぬしの　おおみかみ」を言霊で読み解くと、「ム」が陰で「ト」が陽、つまり最初の「ムト」は、陰陽、母性と父性を意味していることがわかります。続く「フ」は孕《はら》んでいる状態、「ミクラ」は体を、「イ」は中心を、「ヌシ」は「主」であり根本を意味します。「オオ」は王様ですから、「陰陽が未だ分かれ出ない状態で併せ持った体をお持ちになったすべての神々の中心となる神様」という意味が込められた神名だということがわかります。

この親神様の神名が書かれているのは天神一代の冒頭ですから、この神名は宇宙が創成される前の宇宙の状態を表していると言えます。

現代科学では、宇宙の創世についてはさまざまな説が言われています。でも、それはどれもまだ仮説で定説はありません。その中で現在最も有力視されているのがビッグバン仮説です。これは、「宇宙はたった一つの爆発から始まり、その爆発による膨張の結果、現在のような空間としての広がりが構成されるようになった」というものです。つまり「ビッグバン」とは、宇宙の起源となった爆発点を表したものなのです。

ビッグバン仮説では宇宙は「無」の状態から忽然《こつぜん》と爆発したことになっていますが、その「無」がどのような状態だったのか、ということについては、何の解明もなされてはいません。宇宙は何から生じたのか、現代科学ではわかっていないのです。

そういう意味では、この親神様の名前は、宇宙創成以前の、ビッグバン仮説で言うところの「無」の状態を説いた貴重なものと言えます。

宇宙を生み出したのは、陰陽がいまだ分かれ出ない状態、つまり、「なにものでもないが、すべてである」状態です。

この状態は仏教で言うところの「空《くう》」です。

般若心経に「色即是空《しきそくぜくう》　空即是色《くうそくぜしき》」という言葉がありますが、「色《しき》」とは森羅万象を意味する言葉ですから、これはまさに「すべてであり一つである」状態と言えます。すべての可能性を秘めながらも何一つ現象が起きていないので、無限の広がりと無限の時間を孕みながらの「無」なのです。

親神様はまさに「空」であり「無」でもあり「すべて」である存在です。

今どきの科学でたとえるなら「iPS細胞」のようなものと言ってもいいかもしれません。

つまり、なにものでもないけれど、あらゆるものになる力を秘めた存在、一つにしてすべての可能性を内包する存在です。

『竹内文書』の世界が素晴らしいのは、この最初の親神様のお名前さえもさまざまな別名とともに記されているということです。

天地身一大神（あめつちまひとつのおおかみ）
ナムモ＝天地人　カミナガラ
アミン＝天人地　カンナガラ
ノンノ　メシヤ
ナアモ　ムメシヤ

（『神代の万国史』一ページ）

人間が一様ではないように、神もまた一様ではありません。しかも、この神は他の神々すべての元となった「親神」です。

別名の「天地身一大神」は、天地という二つのものがいまだ分かれず、一つの体として存在しているという意味ですから、先の「元無極躰主王大御神」と同じ状態を別の表現で述べたものと言えます。

別名はさらに続きますが、『竹内文書』ではこの親神様の別名の一部が二段組に表記されています。

『神代の万国史』はどんなに短い一文であっても必要な場合には改行されているので、二段に表記されているということは、これらの別名には相関関係があると考えられます。

「ナムモ＝天地人」は、天地から人という存在が生まれ出たという神の摂理を表し、「アミン＝天人地」は天地の間に人は存在しているというこの世の有り様を表しています。それぞれの下にある「カミナガラ」と「カンナガラ」は唱え言葉として祝詞《のりと》のときに用いる言葉ですから、神と人が交流するときにはこの言葉を用いるようにということを教えているのでしょう。

皇祖皇太神宮では、祭式や術事を行うとき「カンナガラ　カミナガラ　カムナガラ　カメナガラ　カモナガラ」と唱えます。現在の神社神道で用いられている唱え言葉は「カンナガラ」

だけですが、おそらくこれは簡略化されたもので、太古は「カンナガラ　カミナガラ　カムナガラ　カメナガラ　カモナガラ　カンナガラ」と唱えるのが正式な作法だったのではないかと思っています。

ちなみに現在の神社神道では「カンナガラ」を漢字で表記するとき「惟神」と書きますが、皇祖皇太神宮では「神惟」と表記します。「惟神」という表記は「カミナガラ」と読みます。おそらく、五つの唱え言葉が一つになってしまった過程で、その表記も混乱し、一つだけが残ったのだと思われます。その結果、現在のように「惟神（カミナガラ）」と書きながら「カンナガラ」と読むようになったのでしょう。

この唱え言葉の二文字目は、最初が「ン」ですが、「マミムメモ」という五段活用になっていることがわかります。

なぜ最初が「マ」ではなく「ン」なのか、それは「ン」に「元《もと》」という言霊的意味があるからだと思います。

「マ」は、「魔」や「間」という意味を持っています。

つまり、「マが入らない」ということは、「魔が入らない」ことであると同時に、「魔を祓い」清めて「無＝ム」に戻して原点に立ち返るという意味があります。「ム」という音は「マミムメモ」という五音の中心に位置するので、中心に立ち返る、フラットな状態に戻るという意味があります。

皇祖皇太神宮では、人が生きていく上で大切にすべきものとして「気」と「感」と「間」という三つのことを説いています。「間」は空間としての間であると同時に、間が悪いとか、間がいいという言葉があるように、タイミングという意味も持っています。「マ」は「魔」であると同時に「間」でもあるので、神と自分の間に「間」を作らないなど、やはりそこには大きな意味があるのだと思います。

ここでは天神一代の親神様の神名に込められた意味を解説しましたが、『竹内文書』に記されている神名は、すべて同じように言霊でその意味を解くことができます。一見すると難しい神名ですが、そこには太古からの大いなる神の力が今も息づいているのです。

祝詞の奏上は神との対話

言葉は単なる情報伝達ツールではありません。

言葉自体に意味があり、力があります。さらに、それを声に出すことで、言葉にはその人の心が反映されます。ですから、神前で祝詞を上げたり、神名を口に出すことは、そのこと自体が神と唱える人の魂の交流になるのです。

最近は祝詞を知らない人も多く、せっかく神社をお参りしても手を合わせるだけでなにも言葉を発しない人がたくさんいます。でもそれは、わたしに言わせれば、とてももったいないことです。

そこで、ご縁があって本書を読まれた方には、神様ときちんとした交流を行えるように、これからご紹介する祝詞をぜひ憶えていただきたいと思います。

神社に参拝する時は、必ずその神社のご祭神のお名前を確かめて、御神名とともに次の祝詞を奏上されるといいでしょう。

吐普加美《とおかみ》　依美多米《いみため》　祓《はら》え給《たま》え　清米給《きよめたま》ふ

神惟《かんながら》　惟神《かみながら》　神救《かむながら》　神添《かめながら》　神照《かもながら》

サンギ　ヒツキ　ホウヒ　フロウサイレキ

サンギ　ヨロズ　マガヌケ　ムキウ　シンレキ

これは「**造化詞祝詞**《むすびのことばのりと》」という祝詞です。

主に初めて神社を参拝する方や、略式で参拝されるときに奏上する祝詞です。短いものなので、比較的簡単に憶えることができますし、参拝する方が多く長く神前に留まることがはばかられるようなときでも、この祝詞であれば奏上することができます。近くに人が多く、大きな声を出すのがためらわれるようなときは、口の中で小声で奏上するだけでもいいので、ぜひこの機会に憶えて、心を込めてお参りしていただきたいと思います。

心を込めた祝詞は神様にあなたの心を届けてくれます。

お参りするときに、自分の願いごとを長々と述べる人もいますが、実は神様というのはその人が神前に立った時点で、すでにその人の願い事はもちろん、その人のすべてをわかってくれています。ですから神前に立ったときに大切なのは自分の思いのたけを述べることではありません。素直な心で神に向かい合うことなのです。

でも自分の心が今、素直になれているのか、魔が入っていないのか、ご自身ではなかなかわからないと思います。

そんなときどうすればいいのでしょう。

実は自分の心の状態を知る指針となるものがあります。

それは「柏手の音」です。

神前で参拝する時、最初に両掌を打ち合わせて音を出します。いわゆる拍手《はくしゅ》ですが、これを神道の作法では「柏手《かしわで》」と言います。

一般的には「二礼二拍手一礼」と言って、二回お辞儀をしてから二回柏手を打ち、最後にもう一回お辞儀をするのが正式な作法とされています。でも、実はこれも時代とともに簡略化されたものだと思います。なぜなら皇祖皇太神宮では「四度拝八平手（四礼八拍手一礼）」、つまり、四回お辞儀をして八回柏手を打ち、最後に一礼することが作法となっているからです。これには「四方を結んで八方に開く」という意味が込められています。

ちなみに、もう少し詳しく説明すると、これは天津神《あまつかみ》を参拝するときの作法で、国津神《くにつかみ》を参拝するときは「二度拝四平手（二礼四拍手一礼）」が正式な作法となります。これには「天地を結んで四方に開く」という意味があります。

でも、多くの方はご祭神が天津神か国津神かおわかりにならない方も多いと思いますので、「四度拝八平手」を憶えておかれるといいでしょう。これはどの神様に対して行っても失礼になるものではありません。

神前で柏手を打つと、その音は、まさにあなたの心の状態を反映したものになります。これは、言葉が発する人の心を反映したものになるのと同じ作用です。心が澄んでいれば、柏手の音はよく響く澄んだ音になり、心が曇っていたり素直になれていないときは、柏手の音もくぐもった音になります。同様に響かない「ペチャッ」とした音のときも心の状態は良いものとは言えません。

音にはすべて「音霊」が宿っています。

そして、祝詞の言霊よりも前に、柏手の音霊が神様の元へ届くのですから、この音だけで神様はすべてをご理解なさるでしょう。自分の柏手の音がどのような音がするか、ぜひあなたご自身も耳を傾けてみてください。

柏手は神参りの最初と最後に行います。

最初にいい音がしなかった人でも、心を込めて祝詞を奏上すれば、きっと最後の柏手はいい音がするようになるでしょう。

神様は罪汚れを祓い、その人の魂を清らかな元の状態にリセットしてくださるからです。祝詞は短いものより長いもののほうがいい、というようなものではありません。最も大切なのは素直な心で、その素直な心を込めて神様と交流することです。

短い祝詞でも、真心は充分に神様に伝わります。

ぜひこの機会に祝詞を憶えて、神様との交流を深めていただきたいと思います。

（※祝詞については次章でも詳しく触れています。またわたしが奏上した祝詞をお聞きいただくことができます〈巻末参照〉。参考にしてください）

第四章

現代に活かす太古の神法

太古の神が人類に教えてくれたこと

皇祖皇太神宮は宗教法人です。

この「宗教」という言葉をわたしたちは何気なく使っていますが、その本来の意味を知る人は少ないように思います。

宗教とは何なのでしょう。

『広辞苑』（第五版）によれば、「神または何らかの超越的絶対者、あるいは何か卑俗なものの分離され禁忌された神聖なものに関する信仰・行事。また、それらの連関的体系。帰依者は精神的共同社会（教団）を営む。アニミズム・自然崇拝・トーテミズムなどの原始宗教、特定の民族が信仰する民族宗教、世界的宗教すなわち仏教・キリスト教・イスラム教など、多種多様。多くは教祖・教典・教義・典礼などを何らかの形でもつ」と、定義されています。

確かに、現在の社会において、宗教はこのように捉えられているのだと思います。でも、それが本来の宗教の意味なのかというと、わたしは違うと思います。

では宗教とは何なのでしょう。

その本来の意味は言葉が示してくれています。

宗教の「宗」は、分解すると「家」と「示」という字からなることがわかります。このことから、宗教とは「家の教えを示すもの」という意味が浮かび上がってきます。

では、家の教えとは何でしょう。

皆さんがすでにお子さんをお持ちなら、日々、子供に何を教えているか思い出してください。まだお子さんをお持ちでない方は、幼いときに親御さんから、日々、何を言われていたかを思い出してください。

難しいことではありません。そして、誰もが教わっていることです。もしかしたら、教えている親御さんは無意識でなさっているかもしれません。

答えは、「やっていいこと」と「やってはいけないこと」です。

親は子供がやってはいけないと思うことをしたとき、「それはやってはいけません」と教えます。そして、いいことをしたときには褒めます。これを日々繰り返すことで、子供は「これはやってはいけないこと」「これはやるべきいいこと」と物事の善し悪しを覚えていきます。

自分がケガをしたり、相手を傷つけるようなことは「やってはいけないこと」。

約束を守るのは「いいこと」。人に親切にするのも「いいこと」。

何が良くて、何が悪いのか、子供は生まれた瞬間から、親がそれをしたら「怒るか」「喜ぶか」を判断基準にして覚えていきます。

わたしたちはこうして「基本的な善悪の判断基準」を親から受け継ぎます。では、その親はどうかというと、やはり、親も彼らの親から教わっています。つまり、わたしたちは「基本的な善悪の判断基準」を家ごとに受け継いでいるのです。

こうして各家が連綿として受け継いできた「基本的な善悪の判断基準」、実はこれこそが宗教なのです。

この基準は、とても大きなくくりでは共通しています。

たとえば、どこの国のどこの家庭でも人を殺すのは「してはいけない悪いこと」です。同じように人の物を盗むのも「してはいけない悪いこと」です。

そして、人の命を助けるのは「いいこと」で、困っている人に親切にするのも「いいこと」です。

でも、すべての基準が共通しているわけではありません。

国が違ったり、民族が違ったり、家が違うだけでも、「いいこと」と「悪いこと」には微妙な差が生まれます。そして、この違いこそが、人々が争う根本原因の一つとなっているのです。

世界中の人々に、「人殺しはいいことですか?」と聞いたら、おそらくすべての人が悪いことだと言うでしょう。

では、「戦争はいいことですか?」と聞いたらどうでしょう。

わたしたち日本人は、ほとんどの人が戦争は悪いことだと思っていますが、世界中のすべての人に聞いたら、異なる答えも出てくると思います。

たとえば、イスラム教原理主義者に聞けば、「領土などを欲する戦争は良くないが、神の教えに基づく聖戦（ジハード）はいいことだ」と答えるでしょう。

日本人でも、一部には「自分から仕掛ける戦争は良くないが、防衛戦争は必要だ」と考える人もいるでしょう。

北朝鮮や中国の人の中には、もしかしたら「勝てる戦争なら国益のためにしたほうがいい」と答える人がいるかもしれません。

戦争は名前を変えた人殺しです。人殺しは悪いことだと思っているのに、戦争となると、さまざまな理由を付けて容認してしまう人々がいる。こうした善悪の判断基準の曖昧さが、すべての争いの元凶になっているのです。

皇祖皇太神宮は宗教法人です。

他の宗教団体が行っているような、祭祀《さいし》や行事も行っています。個人的な悩みに対しての相談やお祓《はら》いも受けつけています。

でも、その最も大切な仕事は、太古の神が人類に教えてくださった「やっていいことと悪いこと」をすべての人々にもう一度伝えることだと思っています。

各家の宗教、つまり「基本的な善悪の判断基準」は、先祖から代々受け継がれてきたものだと申し上げました。その先祖を遡ったらどこに繋がるでしょうか。

世界中の人々、つまり「五色人」は、すべて日本の天皇家にお生まれになった皇子・皇女の末裔《まつえい》だということは、すでに申し上げた通りです。

つまり、わたしたちの家に伝わる宗教の根源は、太古の「天皇家の教え」に始まるのです。

これが長い間、伝言ゲームの様に伝わっていく間に、人の我欲や、魔が混入し、少しずつ、少しずつ、違ったものになってしまったのです。

わたしが今回、本書を出す決心をしたのも、あまりにもこの「宗教」が乱れてしまったのを危惧してのことです。

祖父の巨麿管長が、皇祖皇太神宮を復興させたのも、父の義宮管長が、祖父が残したものを受け継ぎ、『神代の万国史』を始めとする多くの書籍を編纂したのも、すべては皇祖皇太神宮に伝わる本来の「宗教」を再び人々に伝えるためです。

多くの文献や御神宝を失った皇祖皇太神宮が、なぜ「太古の正しい宗教」を伝え得るのかという疑問を持たれる方もいるかもしれません。

疑問は当然のことだと思います。

皇祖皇太神宮は、長い歴史の間に弾圧を繰り返し受けてきているので、すべてが残っているわけではないことも事実です。

しかし、わたしが自信を持って「太古の正しい宗教」をお伝えできると言えるのは、これまで誰も公にしてこなかったことですが、皇祖皇太神宮には、神主を受け継いだものだけが見ることができる『秘伝書』（『神秘秘伝の術事の巻』）が存在しているからなのです。

口伝ではありません。きちんとした書物として、代々の管長だけが受け継いできたものです。この『秘伝書』の存在は、これまで誰にも明かしてこなかったので、知る者がいなかったことが幸いし、昭和の弾圧時にも提出を免れ失われずに済んだのです。

『秘伝書』という性質上、本書でその内容をすべて公開することはできませんが、わたしが本書で語ることは、その教えに基づいたものだとご理解ください。

太古の神々が、親心を持って、わたしたち人間に教えてくれた「やっていいことと悪いこと」とはどのようなものなのか。

これを知り、実践すれば、あなたの人生は大きく開けていくことでしょう。なぜなら、私たちの身に降りかかる禍《わざわい》というのは、わたしたちが幼いときに、悪いことをして親に叱られたのと同じことだからです。

小さな禍は、「それをしたら危ないよ」「それをしてはいけませんよ」という神からの愛に満ちた忠告です。親の忠告を無視してわがまま放題をすればケガをしたり、事故に巻き込まれます。それと同じで神の忠告を無視し続ければ、大きな禍に遭い、場合によっては命を失うことにもなります。

神が伝えた「していいことと悪いこと」とはどのようなものなのか、本章ではそれについて述べていきたいと思います。

皇祖皇太神宮の厳しい神が「立命」に導く

これまで世に出てきた『竹内文書』に関する書籍は、そのほとんどが古文献に基づく「世界の歴史」と「御神宝」について記述したものでした。これはこれで、多くの方に知っていただくことはとても大切なことなのですが、皇祖皇太神宮が人々に伝えるべきことの「本義」ではないと、わたしは思っています。

本書も歴史や御神宝についてここまで述べてきましたが、それはこれから申し上げることが太古から受け継がれてきた「真の神の教え」であることを理解していただくために必要だと思ったからです。

現在、巷《ちまた》で信仰されている宗教の多くは、心の救済を掲げながら、実際には人の心をその宗教の教義に縛り付けようとしています。

大変に厳しい言い方をすれば、今ある宗教の多くは、その宗教に頼らなければ生きていけない依存症患者を作っているようなものです。

宗教を心の拠《よ》り所にするのはいいのですが、完全にそれに依存するのは、自らの人生において、その判断を自分以外のものにゆだねるという、ある意味とても怖いことです。その最悪の見本がオウム真理教の事件です。彼らは、オウム真理教にすべての判断を依存した結果、教祖に言われるがまま行動し、結果的に犯罪者になってしまいました。

宗教に依存するのは、とても危険なことなのです。

ここまで最悪のケースではなくても、いちいち自らが信仰する教団や教祖にお伺いを立てて、その判断に従う依存症信者は少なくありません。

宗教の本当の目的は、その人が「自立」して、与えられた「天命」を生きていけるようにすることです。この、自立した状態で天命を全うすることを「立命」と言います。

本来の宗教が目指すのは、この立命です。

人が立命するためには、まず自立することが必要です。

親が子供に善悪を教えるのも、もともとはその子が自分の力で善悪を判断できるようにするためでした。

しかし、いろいろな宗教はこれを利用して、たくさんの「あれはしてはいけない」「これをしてはいけない」という規制を設けることで、人々を縛り付けているのですから、なんとも皮肉な話です。

実はここが難しいところなのですが、確かに、最初はある程度の規制を設けることは必要なのです。

皇祖皇太神宮にはモーゼが編纂した「十戒《じっかい》」が伝わっています。その内容を見ると、「〇〇スベカラズ」もしくは「〇〇セヨ」という、人の行動を規制するものです。でも、それはあくまでも人として生きるために最低限必要な基本中の基本です。


【モーゼの表十戒】
一　天の国、本家である日本の神を拝礼しなさい
二　人の物を盗ってはいけない
三　人の愛する人を横取りしてはならない
四　人に嘘をついてはいけない
五　人を騙してはいけない

六　人を傷つけてはいけない
七　人の繁栄を阻んではいけない
八　天の国の神の教えに背いてはいけない
九　この教えに背いてはいけない
十　人を困らせてはいけない

（著者による現代語訳）

これは親がまだ幼い子供に完全な自由を与えず、親の監視下に置くのとある意味同じです。子供が善悪を理解し、物事を正しく判断できるようになるまでは、親は毎日のように「こうしなさい」「それはいけません」「いいことをしましたね」と、見守りながらも行動を規制し、道を逸脱したときには正しい道へと導きます。

モーゼの十戒は、いわばこうした親が教える「正しい善悪の判断」を明文化したものだと言えます。基本だからこそ、十個とシンプルなのです。

親は、子供が善悪を正しく理解し、正しい判断力がついたと思ったら、子離れし、子供に完全な自由を与えます。これは子供が親から見て「信頼できる存在」になったということです。

宗教も本来はそういうものでした。

最初は規制を設けて子供を縛りますが、それはまだ子供に正しい判断力が育っていないからです。善悪を教え、物事の善悪を判断する力が育てば、親は子供を信頼して自由を与えます。宗教も本来は、人の自立を促すものです。決して自分たちの教団に縛り付けるようなことはしません。

●厳しさは自立を促すため

かつては、親は少しでも早く子供が親離れできるように、幼い頃から子供に善悪を厳しく教えました。昔の親が躾《しつけ》に厳しかったのはこのためです。

でも今は、親が子離れの本当の意味をわからなくなってしまったからなのでしょう、子供を甘やかして育ててしまう親が増え、結果的にいつまで経っても子離れ・親離れできない人が増えた上、正しい判断力も育たないというとても悲しい家庭が増えてしまっています。

これではいくら勉強して、知識や学力が育っても、その知恵を活かすことはできません。能力を活かすために必要な人としての器量が育っていないからです。

高学歴なのに就職できない人が、今、日本の社会には溢れています。

多くの人は、これを経済や企業の問題としていますが、本当にそうでしょうか？　どんなに経済的に苦しい時代でも、能力があり、その能力を活かせる人であれば、どこの企業も欲しいはずです。いえ、むしろ経済的に苦しい時代であればあるほど、優れた人材が必要とされるはずです。最悪、企業の求人がゼロだとしても、能力を持ち、それを活かすことができる人は、自ら仕事をクリエイトしていくでしょう。

皇祖皇太神宮の神は厳しい神様だとよくいわれます。

ご神前でお約束したことをきちんと守らないと、厳しいお叱りを受けるからです。

また、人の道から外れたことをした人も、厳しい神罰を受けます。

でも、厳しいからこそありがたいのです。

人は弱いものです。どんなに心正しい人も、まじめな人も、心が揺らぐこともあれば、誘惑に負けそうになることもあります。そして、自分の行動が「ちょっといけないかな」と良心に抵触することがあっても、「○○だから仕方なかったんだ」と、自分の弱さを肯定するための言い訳をしてしまいます。

誰もがそんな弱さを持っています。

そんなとき、見逃してくれる「優しい神様」と、きちんと叱ってくれる「厳しい神様」では、どちらがあなたのためになると思いますか。

そうです。厳しい神様です。

だから、厳しい神様はありがたい神様なのです。

躾の厳しい親だと、子供はそのときは「嫌だな、優しい親がいいな」と思うかもしれませんが、大人になったときには「あのときききちんと躾けてもらえてありがたかった」と、必ず親に感謝するものです。

宗教と人の関係も本来はそうしたものでした。

宗教は神の教えを伝え、人々を立命に導くものでなければなりません。人は宗教に依存するのではなく、立命した人生を歩めることを感謝しなければなりません。

皇祖皇太神宮が目指すのは、一人でも多くの方が、「立命」し、自分の力で人生を切り開いていかれるようになることです。

皇祖皇太神宮の神様は厳しいけれど、ただ厳しいだけの神様ではありません。頑張っているけれど、一人ではなかなか「立命」できないという人のためには、できるように助け、導くこともしてくださいます。

この神による助けや導きをお取り次ぎすることこそ皇祖皇太神宮の務めであると言っても過言ではありません。

神宮に神刀祓いや、釜鳴り神事などさまざまな神事があるのは、人々が立命できるよう手助けをしてあげよう、導いてあげようという神の慈悲が形になったものなのです。

辛いときや困ったとき、神の助けや導きが欲しいときは、一人で悩まず、ぜひ皇祖皇太神宮を頼っていただきたいと思います。

あなたの天命、人としての天命

自分は何のためにこの世に生まれてきたのか。

どのような天命を授かっているのか。

多くの人がこうした哲学的な命題に、一度は心を悩ませたことがあると思います。でも、はっきりとした答えを得られないまま、日々の仕事に追われ、日常に追われ、生活に追われ、いつの間にか「自分の人生はこれでよかったのだろうか」と不安に駆《か》られてしまうのです。

「天命」というものがあるのか、ないのか、と問われたら、わたしは「あります」とお答えしています。細かなレベルで言えば、「天命」は一人一人違います。つまり、神が与えたあなたならではの「お役目」というものがあるということです。

でも、そうした自分という「個の天命」を知る前に、わたしたちには「人としての天命」というものがあることを、まず知っていただきたいと思います。

●人間としての天命

人間には人間の天命というものがあります。これはすべての人類に共通するものです。そして、その下には、「五色人としての天命」というものがあります。人が五色に分けられているということには実は意味があるのです。その意味こそ「黄人《きびと》」「白人《しろひと》」「赤人《あかひと》」「青人《あおひと》」「黒人《くろひと》」という、五色人それぞれの「天命＝お役割」です。個の天命は、その下に位置します。

まず人としての天命についてお話ししましょう。

人の天命とは何か。これは、意外に思う人もいるかもしれませんが、「互いに補い合って生きる」ということです。

人は一人では生きていけません。

そもそも、一人ではこの世に生まれてくることができません。人は父と母がいて、二人が互いを補うことで生まれてきます。

父と母の結びつきは、神の目で見れば男が持つ陽のエネルギーと、女が持つ陰のエネルギーという異なるエネルギーの結びつきです。でも、これは何も男女の結びつきに限ったことではありません。この世のすべてのものが、陰陽の結びつきによって構成され、バランスを保ちながら新しい生命を生み出しているのです。

天と地、男と女、昼と夜、海と陸、動物と植物、心と肉体、プラスとマイナス。この世のものはすべてがこうした二つの異なる性質を持ったエネルギーのバランスの上に成り立っています。

ここで言うプラスとマイナスというのは、あくまでもエネルギーのベクトルの話であって、「良い」「悪い」というものではありません。どちらが優れているというものでも、どちらが劣っているというものでもありません。単に相対する二つのエネルギーによって形作られているということです。

この世は陰陽のバランスによって形作られ、その陰と陽が互いの足りないエネルギーを補い合うことで成立している、ということです。

これは、この世のすべての物事を考える上で基本となる真理なので、よく心に刻んでおいていただきたいと思います。

陰陽の結びつきによってこの世に生まれ出た人間は、この宇宙の摂理の中で社会を営んでいます。つまり、人は、自分以外のものと、互いに補い合い、共生していくことが、人としての天命なのです。

●二つの宿命

わたしたち人間は、生まれた瞬間に二つの宿命を背負っています。宿命とは自らの力ではどんなに努力しても変えることのできない運命のことです。生まれながらに持つ二つの宿命とは、一つは五色人であるということ。もう一つは男、あるは女であるという「性／ジェンダー」です。

たとえば、わたしであれば、「黄人である」ということと、「男である」ということは、どんなにあがいても、どれほど無理をしても変えられない宿命です。最近は、手術で肉体を男性から女性へ、あるいは女性から男性へと変える人がいます。今では戸籍の性別すら変えることもできます。でも、それはあくまでも見た目や書類上の問題です。手術で男性が子供を産むことができる女性に変わることはできません。もちろん染色体を変えることもできません。そういう意味では、ジェンダーを変えることはできないのです。

ジェンダーと同じく、五色人であるということ、わたしであれば「黄人」であるということも、変えることはできません。

日本人が外国の方と結婚するなどして、戸籍上外国人になることはできますが、黄人であるという宿命は変わりません。あとでまた述べますが、異国で生きることになった黄人は、そこで黄人としての役割を果たし、その土地の人たちと助け合い、補い合って生きることが、その人の個としての天命なのです。

まずは、人はすべて、どんな人であっても、人である以上、「互いに補い合って生きる」という天命を持っている、ということを知ってください。

神の摂理「円＝縁」と「和＝輪」

この世に起きるすべての出来事は「必然」です。

この世に偶然の出来事などありません。

しかし、偶然はないといっても、それはすべての物事が予定調和の中で進んでいるという意味ではありません。神の定めた摂理に即した形で生じているということです。

神の摂理に合っていれば物事は順調に進み、トラブルは生じません。むしろ助けられていると感じるような良い出来事、後押ししてくれるような良い人との出会いがあるでしょう。しかし、神の摂理に反したことをしていると、物事はトラブルに見舞われ、さまざまな悪縁を引き寄せ苦労することになるでしょう。そういう意味において、この世のすべてのことに偶然はないのです。

宇宙も神の摂理に従って動いています。

大宇宙を大きな一つの枠として見ると、いくつもの銀河の中に、わたしたちの銀河があり、その中に太陽系があり、太陽を中心とする惑星「太陽系惑星」が一定の法則で動いています。その太陽系惑星の中の一つがわたしたちの住む地球です。

惑星の運動は円運動が基本です。

言霊で言えば「円」は「縁」です。そして、円運動が生み出す「輪」は「和」でもあります。こうした「円＝縁」と「輪＝和」の関係は陰と陽の関係に似ています。両者は似て非なるものであり、本質的には反対のエネルギーを持っていますが、互いにそのエネルギーを補い合うことで神の摂理に適ったものになります。

円は広がりを拡大するエネルギーを持ち、輪はその広がりを閉じ、安定させる働きを持ちます。縁は周囲に働きかけ、結びつけるエネルギーを持ちます。しかし、悪縁・良縁という言葉があるように、そのエネルギーには善し悪しを判断し取捨選択する力はありません。さまざまなものを結びつける力、それが「縁」です。

これに対し「和」は、縁によって引き寄せられたさまざまなものを「和す」エネルギーを持っています。これによって物事は取捨選択され、ズレがあれば修正されていきます。

縁はもちろん人にも通じます。知らない者同士が縁によって結ばれたり離れたり、縁はまた社会との関わりを、「円」のエネルギーによって大きく会社、友人、知人などを拡大していきます。このとき、よい縁、悪い縁、を見極める「和」のエネルギーがなければ何一つ実になりません。和すことで安定が生まれ、安定は和のエネルギーによってさらに確実なものとなり、物事が結実していくのです。

●人間の五感

こうした「和」のエネルギーをわたしたち人間が充分に活用できるように、神が与えてくださったのが、いわゆる「五感」と呼ばれるものです。

人と人の意志の伝え方はいろいろありますが、すべてこの五感の中のいずれか、時には同時に複数を活用して行われます。

基本は目で見て、口で話し、耳で聞き取ることです。さらには、話すだけでなく、身振り手振りを使って、より明確に相手に意思を伝えます。

身振り手振り、表情は、わたしたちが思っている以上に大きな力を持っています。外国に行ったことのある方はわかると思いますが、たとえ言葉が通じなくても、人間同士であれば、身振り手振りと表情だけでも、意思を伝えたり理解することができます。

これらはすべて人間の五感のなせる業《わざ》です。

人間の五感もまた、人と人が互いに助け合い、補い合って生きるために神が与えてくださったものです。そのことがわかっていないと、この五感の使い方を間違え、人を傷つけることになりかねません。

たとえば、政治家による「セクハラヤジ」も、言葉の使い方を誤った例と言えます。最近は「ヤジ」に限らず、多くの「失言」「問題発言」で失脚する政治家が増えています。これはとても嘆かわしいことだと思います。

彼らは事が大きくなってから、「お詫びして、撤回します」と言いますが、実際には一度口から発せられた言葉は撤回することも無かったことにすることもできません。言葉は一度口から発せられ、「言霊」としてその力を発動してしまったら、人間の力ではその力を無効にすることはできないのです。

言葉は五感の中では最も基本のコミュニケーション手段であるだけに、とても大きなインパクトをもって、相手に伝わります。愛の言葉、思いやりの一言が、人の人生を救うことがある反面、不用意な失言は相手を傷つけ、自分のことを傷つけることもあるのです。

人間は絶対に間違いを犯します。

これはある意味仕方のないことです。どんなに賢い人も、間違えることはあります。でも、だからこそ、言霊の力を自覚し、よく考えてから発言することが必要です。

それでも、正しいと思って言った言葉が、人を傷つけてしまうことはあります。そういうときに大切なのは、間違えたと気づいたときに、それを深く反省し、善処することです。

善処するということは、わかりやすく言えば「行動する」ということです。行動なき謝罪は心からの謝罪ではありません。

たとえば、先のセクハラヤジのような場合、本当に反省したのであれば、単に発言を相手に言葉でわびるだけでなく、相手の女性の提案が実現するように働きかけたり、ではどうすれば女性が子供を安心して産める環境を作ることができるのか、真剣に考えて問題解決に動き出すなど、取るべき「行動」はいくらでも考えられるはずです。

「ごめんなさい」だけで済ませてはいけません。人は行動することでのみ、再び信用を取り戻すことができるのです。

陽も陰も相反するものなので、互いを完全に理解することは難しいと思います。でも、相反するものであるからこそ、自らを補うために互いに引き合うのです。この基本的に反発しながらも引き合わずにはいられない存在が、補い合い、助け合うために必要なのが、「和＝輪」のエネルギーなのです。

「円＝縁」で結びついたものが「和＝輪」で整う。

これが神の摂理です。

人を動かすエネルギーの法則

基本的に、男性は陽、女性は陰のエネルギーを持つ存在です。でも、これは大きな区別であって、実際には、すべての生命体はプラスのエネルギー「陽」も、マイナスのエネルギー「陰」も、両方兼ね備えています。

人の陰陽は、男女の区別なく、通常「陽が6、陰が4」という割合でバランスを取っています。本来陽の性質を持った男性も、本来陰の性質を持った女性も同じバランスということに疑問を感じるかもしれませんが、これは、個体の中での内訳なのでジェンダーとしてのエネルギーとは区別して考えてください。

「6：4」よりも「5：5」、つまり陰陽半々が一番安定しているではないか、と思われるかもしれませんか、このバランスがきっぱり五分五分だと、安定しすぎて物事が動かなくなってしまうので、実はあまりいい状態とは言えないのです。

なぜ男女ともに陽のほうが少し多いのかというと、陽の持つエネルギーの質と関係しています。

わたしたち人間は、男女に関係なく、健全な精神状態であれば、常により良くなるために日々行動しています。昨日より悪くなりたい、昨日より後退したいと思う人はいないはずです。昨日より少しでも良くなりたい、幸せになりたい、賢くなりたい、豊かになりたい、優しくなりたいと思い努力するのが普通です。

この「昨日より今日」という思いを持ち、前に進むためには、陽が持つ「前進のエネルギー」を活用することが必要です。だからこそ、少しだけ陽のエネルギーが強い「陽6：陰4」が人間の基本バランスになっているのです。

わたしたち人間は、この基本バランスを必要に応じて少しずつ変化させることで行動しています。

物事を大きく前進・発展させることに邁進しているとき、あるいは困難に打ち勝ち前進しなければならないようなときは、この陰陽のバランスが「7：3」になったり、さらには「8：2」、時には「9：1」になったり、というように、必要に応じたバランスにシフトすることで行動しているのです。これは車のギアチェンジをイメージしていただくとわかりやすいと思います。

こうした個のエネルギーバランスは、日々刻々と変化しています。

たとえば、相手に何か思いを伝えるとき、何も言わないでいるときのエネルギーバランスは

「5：5」の状態です。これが「6：4」になったとき、初めて言葉が発せられます。そして、「7：3」になると言葉に熱が加わり、「8：2」まで熱くなると、相手の心をも動かす力が言霊にこもる、といった具合です。

このように陽のエネルギーが大きくなればなるほど、思いは相手に強く伝わります。でも、これは、相手の立場に立つと、それだけの大きなエネルギーを受けることになるので、時々であれば「熱い思いが伝わってきた」という感動に繋がりますが、いつもいつも「8：2」のエネルギーの言葉を受け続けたら、疲れてしまいます。

たとえば、元テニスプレイヤーの松岡修造さん。彼はとてもエネルギッシュに熱く語りかける姿がキャラクターとして定着していますが、テレビで拝見するぐらいだから、「あの人はいつも熱くていいよね」と言えるのです。朝から晩まで一緒に過ごし、あのエネルギー量でずっと迫ってこられたら、相手はおそらく疲れ果ててしまうでしょう。

それよりは、普段はエネルギーを魂の内にこめておき、物事を動かしたいとき、ここぞというときにエネルギーを大きく使う、というメリハリのきいたエネルギーの使い方をしたほうが、わたしは望ましいと思います。

あの人は普段は物静かだけれど、いざというときはとても熱く語る。心の内に情熱を秘めているんだよね、と言われるぐらいがちょうどいいのではないでしょうか。普段は「6：4」でいいのです。

●心から発せられた言葉か、見抜く

このようにエネルギーバランスを考えて発言することは大切ですが、中には心の中からわき上がってくる思いに即したエネルギーではなく、口先だけで言葉にエネルギーを載せる人もいるので気をつけなければいけません。

熱く語る人が、常に真実の思いに駆られて語っているとは限らない、ということです。

物事にはすべて二面性があります。このエネルギーを言葉に込める「技」も、善用している人がいる一方で、悪用している人もいます。

たとえば、名優、名女優と呼ばれる人は、この技を善用している好例と言えるでしょう。わたしたちは彼らの演技を見て心を動かされ、時には涙さえ流すことがありますが、彼らの言葉はあくまでも台詞《せりふ》であって、真実の思いから出た言葉とは少し違います。

一方、この技を悪用している人の代表と言えるのが詐欺師です。彼らの嘘の言葉に多くの人が騙されてしまうのは、エネルギーの使い方が上手いからなのです。

ですから、詐欺師の手口を解説しているテレビ番組などを見たとき、よく「冷静に考えればわかりそうなものなのに」とコメントする人がいますが、実際の詐欺師は、相手が冷静になれ

ないように巧みにエネルギーを注ぎ込んでいるので騙されてしまうのです。

そういう意味では、名優の演技に涙を流すのも騙されていると言えば、騙されているのです。でも、ここには悪意も実害もありません。

問題は、悪意を持っている人や、悪意まではないにしても、誠意のない人の言葉を、それが心からの思いなのか、口先だけのものなのか見分ける方法です。

見分けるポイントはここでも「行動」です。

本当にやむにやまれぬ思いがあって熱く語っている人は、必ず発言に行動が伴っています。上手いことを言うだけでなかなか行動しないという人は、口先だけの人です。

また、行動していたとしても、結果が出ない人も注意が必要です。

行動している以上、何らかの思いがあることは事実だと思いますが、美辞麗句の陰に我欲があって自分だけいい思いをしようと目論《もくろ》んでいる場合もあります。でも、そういう場合は、結果が伴いません。一瞬、結果が出たように見えても、いい結果が持続することは決してありません。なぜなら、行動にどのような結果が伴うかということには「神」が関与しているからです。

善なる思いには神が味方し、時には後押しをしてくれるので、途中困難があったとしても必ずいい結果に繋がります。

反対に、我欲や悪意から発した行動は、神が改心を促すので、一瞬よい結果が出たように見えたとしても、継続しません。必ず反省を促されるような辛い出来事が生じます。

神の波動とのシンクロで運は高まる

頭のいい人の中には、意識的に考えることで騙されないようにしたり、危険を回避したりしている人もいますが、その方法ではエネルギーを消耗する上、すべての危険を回避することはできません。実際、不慮の事故などは、考えても回避しきれるものではありません。

一生懸命考えることで災難を回避する努力をしている人がいる一方で、何も意識せず、一見すると無防備にさえ見えるのに、いつも災難をギリギリのところですり抜けていく強運の持ち主もいます。

わたしたちはそういう人に対して「運」がいいと言いますが、この「運」とはいったい何なのでしょう。

『竹内文書』の世界では、運を「気」と「感（勘）」と「間」という三つの側面からとらえて説明しています。

本書ですでに言霊について学ばれた読者の皆様には、ここで言う「気・感（勘）・間」が、それぞれ日常的にわたしたちが使っている漢字の意味にとどまらないことはご理解いただけることと思います。

●「気」が正しく働くと運勢はよくなる

まず「気」についてご説明しましょう。

「気」は、「き」の音の言霊を持っているので、「気持ち」であり、「生気」であるとともに「精気」でも「鋭気」でも「気力」や「気概」でもあります。もっと身近な言葉を用いれば、「元気」であり「やる気」であり、「その気」になるというときの「気」であるとともに「気が狂う」、「気が違う」というときの「気」でもあります。つまり、「正気」の「気」です。

この「気」が正しく働いている人の運勢はよくなり、禍《わざわい》に遭遇しにくく、遭遇したとしても、「あれっ、おかしいな」と未然に異常に「気づく」ことができるのです。

ですから、この「気」とは何かというと、科学的に言うのであれば、「波長」のようなものだと言えると思います。

波長は共鳴するという法則を持っています。

そのため、自らの波長が整っているときは、正しい波長とシンクロしやすくなるので、特に意識しなくても、自らの気持ちのいいほうに従っていけば、神の導きに素直に添うことができるようになるのです。

また、自らの波長が整っていれば、邪《よこしま》な波長やネガティブな波長とはシンクロしないため、違和感や居心地の悪さを覚え自然とそこから離れていくことになります。

神宮では「お祓い」やさまざまな神事を行いますが、これも基本的には、乱れてしまったその人の「気」を整え、神の波動とシンクロしやすくしているのです。

●神に手を合わせ気を整える

では、なぜ「気」つまりその人の波長は乱れてしまうのでしょう。

最大の理由は、人の世には常にいろいろな波長が充ち満ちているからです。

さまざまな波長の中には神の波動のような素晴らしいものもあれば、殺人鬼の出す邪悪な波長もあります。波長は振動であり波であるので、似たものがシンクロするだけでなく、いろいろな波がぶつかり合うことで、少しずつその人が持っている波形を崩してしまいます。

この世の中で生きている以上、気が日々乱れるのは、ある程度は仕方のないことです。

だからこそ、神道の世界では毎日神に手を合わせ祈るのです。

祈りとは、本来、神の波動に自分の波長をシンクロさせることで、自らの「気」を日々整えるために行うものです。

わたしは日々、何度となく神殿で神に向かい、自らの気を神気にシンクロさせ整えるということをしています。特に時間は決めていません。その時々の自分の状態によって、調整に要する時間は違うからです。長いときには一時間以上かかるときもあります。

神主であるわたしは、気をかなり精緻なレベルまで整えなければならないので、調整に時間がかかることもありますが、これはわたしが皇祖皇太神宮の神主として生きていく以上、呼吸をするのと同じぐらい必要不可欠なことだと思っています。

皆さんはこれほど時間をかける必要はありませんが、やはり毎日一度は、神前で「神向《かみむ》き」をして、自らの気を神の波動に合わせるということはしていただきたいと思います。

気が少しも乱れることがないようにと、他人との関わりを断つ人も中にはいますが、それでは人間本来の存在意義から外れてしまいます。わたしたち人間は、互いに補い合い、助け合うために生まれてきたということを思い出してください。

人と関わりながら生きなければならない以上、個人の気が日々乱れることは避けられないことです。ですから重要なのは、気を乱さないようにすることではなく、日々少し乱れる気を、毎日、神に向かい合うことで整えることなのです。

皆さんは毎日、ごく当たり前のこととして歯を磨きます。それは生きるためには食事をしなければならず、食事をすれば歯が汚れるからです。汚れたものはきれいにする。ただそれだけの、ごく当たり前のことが、「気」にも必要なのです。

神のシグナルを感じる法

人間には「五感」と言われるセンサーが備わっています。

「聴覚、視覚、触覚、味覚、嗅覚」――わたしたちはこの五感を使って、日々、外界で起きていることを感知し、自らの行動に活かしています。

視覚と聴覚は、人が日々生活する上で最も頼っている感覚です。生まれながらブラインドの方は別として、普段視覚に頼っている人は、目隠しをされたら生活上のほとんどのことができなくなります。

聴覚はコミュニケーションの基本です。耳が聞こえない人は、言葉を発することもできなくなってしまうことからもわかるように、「聞く」と「話す」では、人は聞くほうが先なのです。聴覚が機能して初めて、言葉というものを知り、自らも言葉を使えるようになります。

言葉を話すということは、言霊を使うということです。

言霊は「音が持つ波動」によって生まれるものなので、たとえ耳が聞こえなくてもそのエネルギーは受け取ります。でも、言葉を発せない人は、残念ながら自ら言霊を使うことはできません。

触感は、物を持つとき、人に触れるとき、字を書くとき、自分の力加減をコントロールしてくれるセンサーです。熱い冷たいを感じる温度感覚も触覚の一つです。よくわたしたちは物事の微細な違いを感じ取るときに「皮膚感覚」という表現を用いますが、訓練をしたり意識を集中させることで、触感は非常に微細な変化を感じ取れるほど鋭敏になります。

味覚は、単に美味しい、まずいというだけでなく、口に入れたものが腐ってはいないか、体に悪いものではないか、ということを教えてくれます。よく言われることですが、疲れているときは甘いものが美味しく感じ、汗をかいたときは塩分の強いものを美味しく感じるというように、味覚は、今、体が必要としている栄養素も教えてくれます。

事実、漢方薬の世界では、「飲んで美味しいと感じた漢方薬は効き、まずいと感じる漢方薬は効かない」と言われているそうです。

嗅覚はにおいを感じるセンサーですが、味覚とも深く関わっています。

風邪や鼻炎で嗅覚が低下した経験をお持ちの方は多いと思いますが、そのとき食事がまずく感じませんでしたか？　実はにおいがしないと、まったく同じ味のものでも「美味しい」と感じなくなるのだそうです。

実際、コーヒーや紅茶など、味もさることながら、香りを楽しむ飲食物はたくさんあります。

高級食材として知られるトリュフや松茸は味というより香りを楽しむものです。

また、記憶に最も強く残るのもにおいの記憶だと言われています。昔懐かしいにおい、ふと何かの拍子にかいだ香りに誘発され、過去の思い出がありありと蘇ったという経験をしたことが皆さんにもあるのではないでしょうか。

このように、わたしたちは普段はあまり意識していませんが、五感の働きに支えられて生活しているのです。

●運に直結している勘

ところで、「気」と「感（勘）」と「間」といったとき、「かん」だけ「感」と「勘」という二つの漢字を当てたのには理由があります。

「感」は今ご説明した「五感」、つまりわたしたちの身体に備わったセンサーです。これは身体に備わったものなので、物理的に身体に障害があると機能しなくなります。でも、どんなに身体に障害があっても機能するセンサーも人間は持っています。

それが「勘」です。

これは俗に「第六感」と言われるもので、身体に備わった感覚器官ではないので、科学的には解明されていませんが、多くの人がその存在を実感しています。

卑近な例で言えば、「女の勘」と言われるものもこの「勘」の一つの表れです。

わたしたちは意識していなくても、五感と同じように、この勘も日々使っています。

物事がとんとん拍子に運んだとき、「今日は勘がよかった」と言います。

逆に、物事が裏目裏目に出て、うまくいかないと「勘が外れた」とか、「勘が鈍っている」と言います。

まさにその通りなのですから、勘は運に直結していると言ってもいいでしょう。

では、なぜ勘がよかったり、悪かったりするのでしょう。

それは最初の「気」と関係しています。

右へ行くべきか、左へ行くべきか、どちらも先が見えないとき、わたしたちは勘に頼ってどちらかを選ぶしかありません。この「勘に頼る」とき、実はわたしたちは、無意識のうちに微《かす》かな気を察知しようとしています。このときの気を表すのが「気配」という言葉です。姿は見えないけれど、波動や波長などを気配として感じることもあれば、においや微かな音、光といった微少なものを五感で感じている可能性もあります。

また、物理的な物は何もなかったとしても、神は常にシグナルを送ってくれているので、そのシグナルを気配として感じることも「気」です。

つまり、勘の善し悪しは、実は「気」の感度の善し悪しによって決まっているのです。

五感は訓練によって磨くことができます。

目の見えない人は文字の代わりに「点字」を用いています。駅やさまざまな場所にあるので触ってみたことがある人も多いと思いますが、目の見える人は、どうしても視覚情報に頼るので、点字に触れてもその微少な違いを指先から感じることはできません。でも、目の見えない人は、指先の感覚を研ぎ澄ます訓練をしているので、素早く点字をなぞっただけで、わたしたちが目で文字を読むように点字を読むことができます。

これが先天的な能力ではなく、訓練の賜《たまもの》であることは、事故や病気で後天的に視力を失った人でも、訓練によって点字が読めるようになることからわかります。

第六感と言われる「勘」も、集中と訓練で、「気」を察知する精度を高めることができます。

●勘を鍛える

では、勘を鍛えるには、どのような訓練をすればいいのでしょう。

まず大切なのは、自らの気をフラットな状態にすることです。自分の気が乱れている状態では、微細な気の変化を感じ取ることはできません。このためにも、毎日「神向き」をして、自分の気を神の波動にシンクロさせ、フラットな状態に整えることがとても大切です。

自分の気が整ったら、次は「よい気」と「悪い気」の違いを、それこそ皮膚感覚で覚えていくことです。

なんとなくいい。なんとなくいや。

曖昧ですが、自分の中で感じるそうした違いに意識を集中させ、そこで感じたものが後にどのような結果になったのか、自分の中の感覚と実際の出来事の相関を見ていくと、いいものの発する気と、悪いものの発する気の違いがわかるようになってきます。

難しいようですが、やってみるとそんなに大変なことではありません。

神の波動と日々シンクロしていると、神の波動に近い気を気持ちよく感じ、離れた気には違和感を覚えるように自然となっていくからです。

欲が勘を鈍らせる

初対面の人と向かい合ったとき、わたしたちはなんとなく相手の人柄を察します。いわゆる「第一印象」というものです。

初対面なのですから、これは、相手の人柄がわかった上での感想ではありません。

そのため、第一印象で「好き・きらい」を判断すると、「人を見た目で判断してはいけない」と言われたりもします。

でもこれは、必ずしも「見た目」で判断しているわけではないのです。

では何によって感知しているのでしょう。

実は、「気」に基づいた「勘」なのです。

ですから、わたしはむしろ第一印象はもっと大切にすべきだと思っています。

「なんとなくいい」

「なんとなく苦手」

この「なんとなく」感じたものというのは、実はとても重要なメッセージを含んでいるのです。

人はみな、感度に差はありますが、周囲の「気」を感じています。

人と会うときも、相手の持つ「雰囲気」や、相手の動きに伴う「気」、また、相手が発した言葉が持つ言霊を、瞬時に五感と第六感の「勘」で受け止めています。

これを「気が働いて勘が冴える」と言います。

ですから、頭で考えると、とても立派なことを言っていたり、きちんとした振る舞いをされていると思うのですが、「なんとなく嫌な感じ」がするときは、相手の本質を感じ取っていることが多いので警戒したほうがいいでしょう。

本来なら、ここで第一印象はすべて正しいと申し上げたいところなのですが、実際には、犯罪が起きた後などによく聞かれる「そんな人だとは思わなかった」「いい人に見えた」という、逆に第一印象の正しさを否定するような感想もまた、しばしば聞かれることがあるのも事実です。

なぜ、こうしたことが起きるのでしょう。

それは、勘が鈍っていたため、相手の本質が見抜けなかった、ということなのです。

このように勘は冴《さ》えたり鈍ったりします。ここに勘の難しさがあります。

●「私欲」「我欲」が心を占めていないか

では、どういうときに勘は鈍るのでしょう。

答えは心に「欲」があるときです。

人間は欲の動物なので、常にさまざまな欲を持っています。誤解していただきたくないのですが、必ずしも「欲＝悪」だということではありません。人が生き、向上心を持って物事を成し遂げていくためには、欲は必要不可欠です。

ただし、欲には大きく分けて「公的な欲」と「私的な欲」があり、どちらも必要ではあるのですが、バランスとして私的な欲が大きくなりすぎてしまうと、欲が心を曇《くも》らせてしまうので、勘が鈍ってしまうのです。

今、自分の中にある欲が「公的な欲か」「私的な欲か」それを見極める簡単な方法は、それによって誰が幸せになるのか、と考えてみることです。

たとえば、「美味しいものが食べたい」という欲は誰もが持っています。あなたの中にあるこの欲の公私を見極めるには、目の前に大好きな美味しいものがあったとして、それをどのような形で食べたいか、考えてみるのです。

家族や友人など、他の人と分かち合って食べたい、みんなで食べたほうが美味しいし、より幸せを感じられる。そう思ったとしたら、それは「公的な欲」です。

でも、自分一人でゆっくり味わいたい、人に分けたらそれだけ自分の取り分が減るので損をした気持ちになる、と思ったとしたら、それは「私的な欲」です。

欲を持つことは、それが公的な欲であれば、周囲の人々を幸せにすることに繋がるので、決して悪いことではありません。心を曇らせることもほとんどありません。

しかし、自分しか満たさない「私欲」は、「我欲」とも言い、心を曇らせ勘を鈍らせるもとになるので、なるべく小さくとどめなければなりません。

私欲・我欲が心を占めるようになると、気がついたとしても、それを否定する気持ちが湧いてきます。よく投資詐欺に引っかかった人の話を聞きますが、ほとんどがこのパターンです。

最初はうさんくさいな、と思ったのに、「絶対儲かりますよ」という相手の話を聞いているうちに、どんどん心の中の私欲が刺激され、ついにはバランスを崩し、最初の「うさんくさい」という勘を無視して、自分が儲けることしか考えられなくなってしまう、というわけです。

その証拠に、テレビのニュースや他人の話として聞いているだけなら、ほとんどの人が「そんなうまい話があるわけない」とか「明らかに怪しいじゃないか」と、正しい判断をすることができます。でも、それはあくまでも他人事であるため、私欲が刺激されないからなのです。

ですからそういう話を聞いて、自分は騙されないと思っている人でも、私欲が強い人は、いざ目の前に「うまい投資話」が出されると、勘が鈍り飛びついてしまうのです。

このようなお話をすると、「じゃあ、神様はなぜ人間にムダな私欲まで与えたのですか」と聞かれることがあります。もともと私欲がなければ、勘が鈍ることもないだろうに、というわけです。

なぜ人には私欲があるのか。

答えは、それもまた必要だからです。

いざというとき、自分の命を守るためには「私欲」が必要です。

考えてみてください。もしも人が公的な欲しか持っていなかったら、みんな他人のために尽くすばかりで、自分のことをかえりみず、ついには過労死してしまうことでしょう。

ですから大切なのは、私欲を無くすことではなく、公私のバランスを考え、欲をコントロールすることなのです。

理想は「自分も他人も同じように幸せになる」「他人と幸せを分かち合うことを自分の喜びとする」という状態です。

私欲というのはなかなか厄介《やっかい》なものです。嫉妬や恨み、ねたみ、そねみといったネガティブな感情も、形を変えた私欲です。私欲は自己愛に結びついているので、私欲が強すぎる人は、自分が他人と比べて劣っていることが耐えられません。

人に上下や優劣はありません。あるのは「役割の違い」だけです。これは「個性」「能力」の違いと言ってもいいでしょう。

このことがわかっていれば、たとえ他人のほうが自分より優れているように見えたとしても、ここは彼の役割なんだと思い、心を落ち着かせることができます。

何度も申し上げていますが、人の生きる目的は、互いに助け合うことです。みんながみんな同じ能力では助け合うことはできません。

そもそも、もともと独り神であられた神様が、なぜ陰陽・男女をお作りになったのか、考えてみてください。それはひとえに「補い合うため」なのです。

ちなみに、神向きをして気を整えることは、欲のバランスを整えるのにも役立ちます。ですから、先ほどの質問で「自分は私欲が強いな」と心配に思った人は、神向きをするときに、欲のコントロールをできるようになるよう神様にお願いするといいでしょう。我欲が大きすぎるときは教えてくださいと神様にお願いしておくと、必ず気づかせてくれます。

気と勘はどちらが鈍っても、物事の正しい判断ができなくなるので共に整える気持ちを持って神向きすることが大切です。

気と勘が整えば、第一印象に狂いが生じなくなるので、ビジネスで騙されることや、付き合ってみたら暴力を使う悪癖がある人だったなど、対人関係で失敗することがなくなります。

気を整え勘を磨けば運が降り注ぐ

気と感（勘）が整うと、「間」が良くなります。

「間」とは、距離であり、空間であり、タイミングでもあります。

人といい関係を築くためには、その人との適切な距離感「間」を取ることが必要です。同時に、人に会うにしてもビジネスをするにしても、結婚をするにしても、ちょうどいいタイミングという意味での「間」も必要です。

また「間」は人間関係に限ったことだけではありません。たまたま乗った電車が事故を起こしたり、いつもは美味しいお店なのに、たまたまお客さんを連れて行ったら、その日に限ってシェフの体調が悪く美味しくなかったり、こうしたことは「運が悪い」とも言いますが、実は「間」が悪いのです。

逆に「間」のいい人は、いろいろな物事がとんとん拍子に進みます。

実際、何度お見合いをしてもいい相手に巡り会えない人がいる一方で、たった一回のお見合いで理想の相手に巡り会える人もいます。

たまたまキャンセルした飛行機が事故を起こし、命拾いをした人がいる一方で、そのキャンセルした飛行機に乗って事故に遭う人もいるのです。

こうしたことを考えていくと、わたしたちが普段「運」と呼んでいるものの多くが、気と感（勘）によってもたらされた「間」の「良し／悪し」によっていることがわかります。

つまり、一般的に運が悪いと言われる人は、実は運命や運勢が悪いのではなく、間が悪いのです。

そして、なぜ間が悪いのかというと、感（勘）が鈍っているからであり、勘が鈍っているのは私欲が強く、「気」というセンサーが鈍りさまざまなものが発しているシグナル、つまり気を感じ取れなくなっているからなのです。

では、どうしたら間を良くすることができるのでしょう。

その方法を知るためには、まず「気と感と間」、この三つが、三層構造をなしていることを知ることが必要です。

気の働かない人、元気がなく気力のない人で、間のいい人はいません。

間のいい人は、空間作りも上手なので、その人が一人集団に入るだけで、その集団全体が活気づいたり、やる気が出たり、その集団のやろうとしていることがうまくいくようになるものです。

同様に、間の悪い人に勘のいい人はいません。間の良し悪しを無意識に選び取って行動の舵取りをしているのは「勘」だからです。

でも、元気があって、いい気を持っている人なんだけど、勘が悪い人や間の悪い人はいます。これは気という最低限のベースはできているのだけど、その上に乗る感（勘）がまだ磨かれていない、という状態なのです。

そういう人は、神向きと訓練によって気を整え、感を研ぎ澄ませていけば、やがて間が良くなっていきます。しかし、あくまでもベースは気なので、神向きもせず、感を研ぎ澄ます訓練もせず、間を良くしようとしてもそれはできません。

まずは自らの気を整え、感を磨くことです。感が磨かれれば、間はその結果として自ずと良くなっていきます。

●神様のルールはシンプル

神様のルールというのは、一見難しそうに思えるかもしれませんが、実はとてもシンプルです。すべては、人と人が助け合って生きるために作られているからです。

気も感も間も、基本はそれらが整うと、人は互いが求めているものを察知しやすくなるので、適切なタイミングで、そして最良の形で助け合うことができるようになります。

何でも過ぎたるは及ばざるが如しという言葉の通り、いくら助け合うことが大切でも、人は人を過度に助けてはいけません。何でもしてあげたのでは、その人が成長できなくなるからです。

成長できなかった人は、誰かを助けるという、その人本来のお役目を果たせなくなります。

神が望む「助け合い」とは、互いに出会った人を成長させ、この世をより良くしていくための助け合いなのです。

そして、そうした助け合いをするには、「適度な間」を持って助け合うことがとても重要なのです。

祝詞を唱え心を神様に向ける

どんな人も、どんなときも、神はわたしたちを見ています。

一時も休むことなく見ています。

では、あなたはどうでしょう。

あなたはどれぐらい神のほうを向いているでしょうか?

これまでわたしが何度か申し上げてきた「神向き」とは、文字通り「自分の心を神様のほうに向けること」です。つまり、あなたが神のほうを向いて、神を見ることです。

残念なことですが、今は神のほうを向いているようで、実は向いていない人がたくさんいます。大きな神社へ行くと、いつも多くの人が本殿を参拝しています。でも、そのほとんどの人が神に手を合わせて行っているのは「神向き」ではなく「お願い」です。

「今日も一日、元気でいられますように」

「仕事がうまくいきますように」

「志望校に合格しますように」

「良縁に恵まれますように」

ご自分の参拝を省みてください。こんな風にお願い事ばかりしていないでしょうか。

これは毎日神棚にお参りをしているという人も同じです。

毎日、神に手を合わせているという人は、一見するととても信仰心が篤《あつ》くみえるので、神様の御加護にもさぞかし恵まれていることだろうと思われがちですが、実はそのとき、どのような思いで手を合わせているのかで、その人の「気と感と間」の感度はまったく違ったものになっていきます。

誤解のないように言っておきますが、神様にお願いごとをするのが悪いと言っているわけではありません。お願い事をしてもいいのです。むしろ、「うまく」お願い事をして、神様に愛され、上手に助けてもらえる人になっていただきたいと思っています。

●気を整えるための神向き

では、何が問題なのでしょう。

問題は、自らの「気」を整えずに、感情のままに、私欲のままに神様にお願い事をしてしまうことが問題なのです。

お願い事をする前に、きちんと「神向き」をして、まずは自分の心を整えて、それが私欲・我欲だけのお願い事ではないか、よく考えてからお願い事をしていただきたいのです。

正しい判断をするためには、神向きは絶対に必要です。普段から神向きを欠かさないわたしも大きな判断をする前には、必ず改めて神向きをしてから臨みます。

では、気を整える為の神向きとは、具体的にはどのようにすればいいのでしょう。

神向きとは、自分の気を神様の気にシンクロさせる行為です。

そのためには、何も求めず、何も考えず、無心に神に向かうことが大切です。

これを「素直な心」と言います。

人の心は常にいろいろな思いによってさざ波が立つように、揺らぎます。この揺らぎをできるだけ抑え、神の波動に共鳴させていく。これがわたしの「神向き」のイメージです。

具体的に言うと、神前に座ったら手は剣結《けんむす》び（人さし指だけをまっすぐ伸ばして、他の指はからめるようにして手を合わせる）にし、「四拝八拍手（四回お辞儀をして、八回柏手を打つ）」したのち、無心になって祝詞を奏上します。このとき、祝詞は声に出して奏上しましょう。声を出したほうが、人は雑念を抑えることができるからです。また、言霊の力も、声に出すことで発動します。

それに、祝詞を奏上していると、言葉のつむぎによって、自分の心の状態がわかります。

雑念が多かったり、気が整っていないと、祝詞の言葉が上手く出てこず、言葉に詰まったり、

【天津祝詞《あまつのりと》】

高天原《たかまのはら》に神留《かむずま》り坐《ま》す神魯岐《かむろぎ》神魯美《かむろみ》の命以《みこともち》て

天皇御祖神《すめみおやかむ》天地身一大神《あめつちまひとつのおおかみ》天照日神月乃神《あまてらすひるのかみつきのかみ》

天日豊本《あめひのもと》葦牙気皇主神《あしかびきみぬしのかみ》天日豊本《あめひのもと》

葦牙皇女神《あしかびきみみのかみ》日月人凡主大神《ひつぎはしかん》八海河沢波原《はあはぎはら》に

御禊祓《みそぎはら》ひ給《たま》ふ時《とき》に生坐《なりませ》る秡戸《はらいど》の大神等諸々《おおかみたちもろもろ》の

枉事罪穢《まがことつみけがれ》を祓賜《はらひたま》い清米賜《きよめたま》いと申須事《まおすこと》の由《よし》を

天津神国津神八百萬《あまつかみくにつかみやおよろず》の神等《かみたち》と共《とも》に聞食世《きこしめせ》と

恐《かしこ》み恐《かしこ》み毛白須《もまおす》

（四拝八拍手）

つっかえたりします。すらすらと水が上から下に流れるようによどみなく言葉が出てくるときは、心が良い状態にあると言えます。

神向きをするときに奏上する祝詞は、基本的には「天津祝詞《あまつのりと》」と、第三章でもご紹介した「造化詞祝詞《むすびのことばのりと》」の二つです。

ただし、時間があまりなく急ぐときや、ちょっと心を落ち着けたいというときは「造化詞祝詞」を奏上するだけでもいいので、必ず毎日神向きをすることをお勧めいたします。

祝詞を上げる回数に決まりや制限はありません。祖父・巨麿管長は「造化詞祝詞を数百度でも、数限りなく、気が落ち着くまで唱えなさい」という言葉を残しておられます。

実際、造化詞祝詞は、気の悪い場所や、金縛りにあったときなど、繰り返しこの祝詞を奏上すると、魔を退けることができます。

そういう意味では、神向きは必ずしも神前でなければできないというものではありません。屋外なら太陽に向かって、夜なら月星に向かって、室内でも光をイメージするなどして行うこともできます。ちょっと変だなと思ったり、心がざわつくとき、イライラが治まらないときや怒りを感じたときなど、口の中で微かな声で唱えるだけも気を整えることができるので、ぜひこの造化詞祝詞を覚えて、日々の気のコントロールに役立てていただきたいと思います。

【造化詞《むすびのことば》祝詞《のりと》】

吐普加美《とおかみ》　依美多米《いみため》　祓《はら》え給《たま》え　清米給《きよめたま》ふ

神惟《かんながら》　惟神《かみながら》　神救《かむながら》　神添《かめながら》　神照《かもながら》

サンギ　ヒツキ　ホウヒ　フロウサイレキ

サンギ　ヨロズ　マガヌケ　ムキウ　シンレキ

（四拝八拍手）

実践してみるとわかりますが、神向きをして心が整うと、気持ちがとても穏やかになります。一日や二日ではその違いがわからないかもしれませんが、何度も何度も神向きを繰り返し続けていると、気の感度がどんどん良くなっていくので、自分の気が乱れているか整っているか、わかるようになっていきます。

どんなにきれいに掃除した部屋でも、一日生活すれば必ず汚れます。心も同じです。毎朝きちんと整えた気も、一日生活すれば、必ずまた乱れます。

毎日部屋の掃除が必要なように、気も毎日神向きをして整えて、きれいな状態にしておくことが大切なのです。

『竹内文書』が伝える太古の叡智は、今を生きるために活用すべき教えです。

神の教えは、人を罰するためのものではありません。

人々がこの宇宙の中で互いに助け合い、補い合って幸せに生きるために活用すべきものなのです。『竹内文書』の神秘秘伝の術事には、神のパワーをいただく様々な秘術が記されています。それは使う人の心の状態や段階によっても、どのような術を用いるのが良いか細かく記されています。本書で紹介したことは、すべての人がまず最初に学ぶべき神の教えです。

最後に、この本を締めくくるにあたり、モーゼの十戒の元となったと思われる、皇祖皇太神宮に伝わる「万国五色人の法」を記します。ここに掲載したのは、どなたにも理解していただけるようわたしが現代語に訳したものです。

生活していかれる中で「していいこと」と「悪いこと」の判断に迷ったとき、指針にしていただければと思います。

【万国五色人の法】

一、すべての人々よ、天皇《スメラミコト》と皇祖皇太神宮《スメオヤスメラタマシイタマヤ》の言葉に従いなさい。
一、すべての国の王と指導者は、天皇の言葉に従いなさい。
一、神の言葉に耳を傾け、従いなさい。
一、神の教えに従い、人を傷つけることをしないようにしなさい。
一、世界の人々は、天皇と神宮の神主と、日本の民に敵対せず、助け合いなさい。
一、あなたの父母に従いなさい。
一、天皇がお造りなったこの法と神の教えと親に従いなさい。

一、他人の愛する者や物を奪ったり傷つけてはいけません。
一、人に嘘をついたり、人を妬んだり、人を傷つけることをしてはいけません。

こうした教えを守らないと、病気や災害などの禍に見舞われることになるので、心して従ってください。この教えを守れば、必ずや幸せな長寿を手にすることができるでしょう。なぜなら、神様があなたを守ってくださるからです。

おわりに

本書を書き終えて、今わたしは改めて教育の大切さを痛感しています。

人は他の動物より未熟な状態で生まれてきます。立って歩くことはもちろん、自分一人では親の乳を飲むことすらできません。

そんな未熟な状態で生まれてきたとき、人間は体だけでなく心も未成熟です。それは例えるなら無色透明、色のない状態です。もちろん善も悪も知りません。

そこに最初に色を付けていくのは親です。

親は、自分がやはり親から教えられた善悪を基本に、時には自分の人生での経験も踏まえて、愛する我が子に「白き善」と「黒き悪」の色を入れていきます。

この最初の「白黒」を基準に、人は物事の良し悪しを覚えて自らの行動を選択していきます。

親の行う「躾」の次に大きな影響力を持っているのが、学校教育です。

親の躾を「個人の善悪」とすれば、学校教育が教えるのは、本来は社会における善悪、言うなれば「公の善悪」です。これを担っていたのが、かつての「道徳教育」でした。

戦前の初等教育の場「尋常小学校」では、道徳は「修身」という科目で教えられていました。当時の教科書の目次を見ると、それは次のような内容でした。

一　ヨク　マナビ　ヨク　アソベ　　よく学びよく遊べ
二　ジコク　ヲ　マモレ　　時刻を守れ
三　ナマケル　ナ　　怠けるな
四　トモダチ　ハ　タスケアヘ　　友達は助け合え
五　ケンクワ　ヲ　スルナ　　喧嘩をするな
六　ゲンキ　ヨク　アレ　　元気よくあれ
七　タベモノ　ニ　キ　ヲ　ツケ　ヨ　　食べ物に気をつけよ
八　ギヤウギ　ヲ　ヨク　セ　ヨ　　行儀をよくせよ
九　シマツ　ヲ　ヨク　セ　ヨ　　始末（節約）をよくせよ
十　モノ　ヲ　ソマツ　ニ　アツカフ　ナ　　物を粗末に扱うな
十一　オヤ　ノ　オン　　親の恩
十二　オヤ　ヲ　タイセツ　ニ　セ　ヨ　　親を大切にせよ
十三　オヤ　ノ　イヒツケ　ヲ　マモレ　　親の言いつけを守れ

（以下略）

修身の授業は、軍国主義教育の元凶になったとして、戦後の占領期間に撤廃されました。この内容を見る限り、言っていることはどれも至極《しごく》真っ当なことばかりで、これのどこが軍国教育なのか、と疑問に思いますが、戦後、修身の授業は「道徳」の授業に変わります。

道徳の授業を批判する人も少なくありませんが、実はその内容自体は修身で教えていたこととそれほど大きく変わっているわけではありません。

今の道徳教育でも、人に親切にすることの大切さや、友を大切にすることを教えています。

では、同じようなことを教えているのに、なぜ人々の心はこれほど乱れてしまったのでしょう。

わたしは二つの原因が考えられると思っています。

一つは「核家族化」という日本古来の家族の形態の崩壊によって、親から子へと受け継がれてきた家の教えが断絶してしまったことです。つまり、人の心が形成される過程でベースとなる、最も大切な「親による躾」がきちんと行われなくなってしまったことです。

基礎が脆弱《ぜいじゃく》では、その上にどんなに立派な家を建てたとしても、ちょっとしたことで家は壊れてしまいます。心も同じです。最初の基礎教育が不完全だと、心は乱れやすくなるものです。

もう一つの問題は、教える人の心が乱れていることです。

言葉は言霊です。教える人が心から言葉を用いなければ、どんなに美辞麗句を並べても、子供たちの心に染み込んではいきません。人を教え、導く立場の人は、よりいっそうの心の修練が必要なのです。

この心の修練も、基本となるのはその人が育った家の教えです。ですから、今、最も必要なのは「家の教え」の本質である「本当の宗教」なのです。

宗教は人間に基本的な善悪を教えるものです。決して「おかげ」や「御利益」を求めてすがるものではありません。学んで、身につけて、自分の生活に活かすものなのです。

これこそが「神惟《かんながら》の道」です。

本書でも繰り返し述べてきましたが、神惟の道は厳しいようですが、実はとてもシンプルで慈愛に満ちたものです。

修身の教科書に書かれていたことは、『竹内文書』のモーゼの十戒に書かれている内容とよく似ています。本来の「神惟の道」はこうしたとてもシンプルな、誰もが歩むことのできる道なのです。

本書は「神惟の道」を歩むすべての人にとって基本となるものです。神宮に伝わる『神秘秘伝の術事』には、どのようなときに、どのような神様に、どのような言葉でお願いすれば助けていただけるのかということが具体的に記されています。

それをすべて使いこなすには大変な精神修練が必要です。しかし、どんな神事も秘術も、その基礎となっているのは神に向う「素直な心」です。

この世には完璧な人はいません。神は人が互いに助け合い、補い合って生きるように、わざと完璧に造らなかったのです。

今、日本にはさまざまな災害が立て続けに起きていますが、こうした災害を招いているのは日本人の心の乱れです。この心の乱れの発端は、戦後の核家族化政策による家族の絆の崩壊に端を発しているとわたしは感じています。

戦後、日本人は個人の自由を追い求めて、家族という助け合って生きるための最も基本的な場所を自ら手放してしまいました。しかしその結果、日本人が手にしたのは「孤独」だったのではないでしょうか。

親との同居を拒む若夫婦。結婚しない若者。兄弟のいない子供たち。一人寂しく老いていく老人。そして、今や壮年層にまで広がっている孤独死。こうした環境の中では、家の教えを受け継いでいくことは不可能です。

人は自分が不幸に遭わなければ、今自分が持っている幸せにはなかなか気がつかないものです。ありふれた言葉になりますが、物事の価値は、失ってみて初めてわかるものなのです。失うことは辛いことですが、それは学びのチャンスであり、再スタートのためのエネルギーへ転化させることができるものだとわたしは思います。

そういう意味では、さまざまな災害で失われた多くの命は、わたしたちに本当に大切なものは何かということを、その身を犠牲にして教えてくれたと言えるのです。

犠牲になった当事者の家族はもちろん、直接は関係のない人も、悲しむ遺族の姿を通して、家族の大切さ、かけがえのなさを再認識することができたのではないでしょうか。

生き残ったわたしたちは、犠牲になった人々のぶんまで、助け合って生きるというお役目を担ったのです。

彼らの犠牲を無駄にしないためにも、自分たちが幸福な人生を生きるためにも、わたしたちは黄人《きびと》として、「助け合って生きる」という人としての範を世界の五色人に示していけるような生き方をしなければならないのだと思います。

本書がその指針となることを心から願っています。

最後になりましたが、皇祖皇太神宮では、祭祀やお祓い、さまざまな神事を通して、人がそのお役目を全うするために必要な、神の加護、助力を得るお取り次ぎをいたしております。
皇祖皇太神宮は、万国の五色人のためのお宮です。国籍、人種、信仰などにかかわらず、どなたでも参拝していただくことができます。ぜひ一度、皇祖皇太神宮の神前で神向きをし、親神さまの慈愛に満ちた波動を、ご自身の心と体で感じていただきたいと思います。

皇祖皇太神宮　第六十八代管長　　竹内康裕

【主な参考文献】

『神代の万国史』竹内義宮編著（大型本、四三三ページ）
『神代の神代の話』竹内義宮編著
『デワ話ソウ――竹内巨麿伝』竹内義宮編著
※いずれも皇祖皇太神宮による出版物です。ご希望の方は直接、神宮へご連絡下さい。

『祝詞CD』について

この「令和新装版」では、皇祖皇太神宮・竹内康裕管長による、『「神向き」の心得と祝詞』を収録したCDは付属しておりません。

ただし、多くの読者の方々からのご要望にお応えして、インターネット経由でCDに収録された音声をお聞きいただくことができます。左下のQRコードを読み取り、ご利用ください。

なお、CD版をご希望の方は、皇祖皇大神宮内・奉賛会事務局、または東京コンサルトルームにお問い合わせください（次頁参照）。送料・手数料をご負担いただきますが、お送りさせていただきます。（在庫がなくなり次第、終了）

※音声ファイル、またはCDの内容は、ご自身でのご利用に限らせていただきます。
権利者の許諾なく、ネットワークなどで公開することを禁じます。

◆皇祖皇太神宮のご案内◆

【皇祖皇太神宮】

茨城県北茨城市磯原町磯原835番地

電話　0293（42）0087

受付時間　午前九時～午後五時

【東京コンサルトルーム】

東京都千代田区内神田2丁目14番12号　サカビルⅡ6階

電話（FAX）03（6206）0255

受付時間　午前十時～午後六時　※ご来所の際は、必ず事前にご連絡をお願いいたします。

※東京コンサルトルームでは、諸種のご相談、御神刀の祓いの他に、各種の講座なども開催いたしております。ご希望の方はお気軽にご連絡ください。

【祭事のご案内】

元旦祭　一月一日

春季大祭　三月　第二日曜日

御皇城山炎祭　（於・富山県富山市金屋　皇祖皇太神宮御皇城山《おみじんやま》）

八月の第三または第四日曜日（年によって異なるのでお問い合わせください）

秋季大祭　十一月二十三日　祝日

※月次祭　毎月一日。月次祭では鳴動祭《めいどうさい》ならびに御神刀による祓い、各種相談等も行っています。

（※三月、八月、十一月の月次祭は東京コンサルトルームにて御祈願祭・御神刀による祓いを行います。）

【勉強会のご案内】

六月第一土曜日、十二月第一土曜日には、竹内文献による勉強会を開催しています。

詳しくは、皇祖皇太神宮〈電話０２９３（42）００８７〉または東京コンサルトルーム〈電話03（６２０６）０２５５〉へお問い合わせいただくか、下記ホームページをご参照ください。

ホームページ　http://www.kousokoutaijingu.or.jp/

（ホームページでは、「竹内文献」に伝わる太占《ふとまに》〈占い〉によるワンポイントアドバイスも行っています）

【奉賛会のご案内】

皇祖皇太神宮では、国家、民族、宗教の枠を乗り越え、世界の平和と全人類救済のため、当神宮の趣旨にご賛同いただける奉賛会会員を募集し、活動しております。

※ご入会は随時受け付けております。詳細は皇祖皇太神宮内・奉賛会事務局、または東京コンサルトルームにお問い合わせください。

※オンライン会員サービスのお申し込みは、下記までお願いいたします。

http://www.kousokoutaijingu.or.jp/online/

竹内康裕（たけうち　やすひろ）

皇祖皇太神宮第68代管長。竹内文献研究会代表。

1955年（昭和30年）、皇祖皇太神宮第67代管長、竹内義宮の長男として生まれる。祖父は皇祖皇太神宮を再興した、第66代管長、竹内巨麿。

1978年（昭和53年）日本大学法学部卒業後、大手食品会社にて、経営企画、新規事業、マーケティングなどを担当。1999年（平成11年）皇祖皇太神宮第68代管長に就任。

現在は管長としての活動の他に、竹内文献研究会において、広く一般に神宮に伝わる生きた教えを伝える活動を精力的に行っている。

皇祖皇太神宮ホームページ：http://www.kousokoutaijingu.or.jp

令和新装版
古代の叡智『竹内文書』と神秘秘伝の術事

第1刷　2021年2月28日

著　者　　竹内康裕
発行者　　小宮英行
発行所　　株式会社徳間書店
〒141-8202　東京都品川区上大崎3-1-1
目黒セントラルスクエア
電話 編集(03)5403-4344　販売(049)293-5521
振替 00140-0-44392

印刷・製本　大日本印刷株式会社

ISBN978-4-19-865275-3